FRANCISCO I. MADERO

FRANCISCO I. MADERO

Grupo Editorial Tomo, S. A. de C. V.
Nicolás San Juan 1043
03100 México, D. F.

1a. edición, junio 2004.

Nicolás San Juan 1043, Col. Del Valle
03100 México, D.F.
Tels. 5575-6615, 5575-8701 y 5575-0186
Fax. 5575-6695
http://www.grupotomo.com.mx
ISBN: 970-666-976-0
Miembro de la Cámara Nacional
de la Industria Editorial No 2961

Proyecto: Rafael Rutiaga
Diseño de Portada: Trilce Romero
Formación Tipográfica: Rafael Rutiaga
Supervisor de producción: Leonardo Figueroa

Impreso en México - *Printed in Mexico*

CONTENIDO

Prólogo

A fines del siglo XIX, en México, algunas personas vivían una etapa de estabilidad, pero el resto de la población, que era la mayoría, sufría las consecuencias de la "mano dura" del dictador Porfirio Díaz, quien ya llevaba en el poder varios periodos presidenciales. Éste había logrado bienestar y progreso sólo para la clase "acomodada", los hacendados, empresarios, grandes comerciantes y un grupo de extranjeros, y se había olvidado de los pobres. En donde más se notaba la desigualdad social era en el campo. Allí los trabajadores eran explotados y tratados como esclavos.

La educación era inaccesible para el pueblo. Más del 80% de la población no sabía leer ni escribir. También se sufría la falta de equidad en la administración de justicia; los servicios de salud estaban en malas condiciones. Varias comunidades indígenas habían sido despojadas de sus tierras, y por otra parte el gobierno hacía grandes concesiones. La dispersión o la servidumbre eran las únicas alternativas de los inconformes. Pero todo lo hacía el gobierno de don Porfirio en nombre de la paz y del progreso.

A Francisco I. Madero le tocó vivir y llegar a la madurez en esa época, y al contemplar el desolado panorama que ofrecía el país, decidió hacer algo para cambiar las condiciones de vida del pueblo mexicano. Era necesario hacer una revolución.

Por todo esto Madero inicia la Revolución Mexicana, movimiento que marcó el fin de una Era y la realización de grandes cambios políticos y sociales. Madero fue quien prendió la chispa que produjo esta lucha. Por su acción política y militar, Madero puso en acción las fuerzas de los inconformes, que continuaron la Revolución, ya sin él, hasta sus últimas consecuencias.

Madero llegó a ser Presidente de México, pero su gobierno fue breve y muy difícil. Quizá su caracter noble y humanitario no fue el adecuado para ocupar la silla presidencial en esos momentos tan ásperos.

Francisco I. Madero trató de transigir con los intransingentes y de reconciliar a los irreconciliables. Era un idealista valiente y de firmes convicciones. No sólo creía en la democracia política, sino que hizo un apasionado y razonable esfuerzo por aplicarla.

A pesar de todos los obstáculos que le pusieron en el camino los conservadores y otras fuerzas de oposición, Madero realizó muchos cambios importantes: El pueblo gozó de libertad, se estudió la reforma agraria y se iniciaron diversas modificaciones; la educación fue incrementada y los principios democráticos se aplicaron. Todos estos esfuerzos y sus resultados fueron grandiosos considerados a la luz de las enormes dificultades que arrostraba el gobierno; el antagonismo de la prensa, la oposición de los bien protegidos conservadores, los extranjeros desconfiados y los revolucionarios divididos y exigentes.

Madero logró que Porfirio Díaz renunciara y que se realizaran unas elecciones realmente democráticas. Llegó al punto de vencer a varios de sus enemigos, pero cuando se encontraba en plena trancisión, en el sentido que la Revolución exigía, la traición truncó su obra.

El asesinato de Madero fue considerado como un golpe vil y artero a la Revolución, y a causa de esto los revolucionarios se unieron bajo una sola bandera y concluyeron la obra iniciada por él. Los asesinos de Francisco I. Madero acabaron con su persona, mas no consiguieron acabar con sus ideales.

Rafael Rutiaga

CAPÍTULO I

Referencias familiares y panorama nacional

A principios del siglo XIX, una familia española de apellido Madero se estableció en el norte de México. Evaristo Madero, abuelo de nuestro héroe, creó los cimientos de la fortuna familiar. A la edad de diecinueve años poseía y dirigía un tren de carretas, cada una tirada por seis mulas, con que llevaba mercancías por caminos y carreteras que unían Parras, Saltillo, Monterrey, San Luis Potosí y San Antonio. La guerra civil de los Estados Unidos ofreció una magnífica oportunidad para cualquier hábil comerciante, como el señor Madero. El algodón, traído de Texas, rendía buenas ganancias.

Evaristo amplió los giros de la familia, que incluían haciendas de algodón y guayule, fábricas de tejidos, destilerías de licores, minas de cobre y refinerías, además de molinos en Monterrey, Tampico y Mérida. Don Evaristo fundó el primer banco en la frontera norte, el Banco de Nuevo León, en Monterrey. Se ha calculado que su fortuna era una de las mayores de México, excediendo los treinta millones de pesos.

Su hijo Francisco, padre del personaje de esta obra, dedicó sus energías a empresas económicas. Como vigoroso hombre de negocios, edificó su fortuna personal, primero a través de intereses mineros y crianza de ganado, amasando un capital que excedió los quince millones de pesos. El padre de Francisco I. Madero se casó con Mercedes González Treviño, la más joven de dieciséis hijos de una rica familia de Monterrey. En la hacienda *El Rosario*, en Parras, Coahuila, nació Francisco Indalecio Madero el 30 de octubre de 1873. Fue el primogénito de quince hijos.

Mercedes de Madero era muy joven e inexperta cuando nació Francisco, y ella se lamentó de ello. El niño lloraba mucho y comía poco. La familia creyó que esta desnutrición fue la causa de la pequeña estatura de Francisco. Su madre lo recordaba como un niño triste y enfermizo, dado al reposo y a la meditación, en contraste con su hermano más joven, Gustavo.

En Parras, población de unos siete mil habitantes, Francisco aprendió las primeras letras de dos virtuosas señoras, y más tarde, el esposo de una de ellas le dio una rudimentaria enseñanza musical. Como mostraba preferencia por el campo, era llevado a visitar las propiedades de la familia. Esta experiencia, junto con su posterior dedicación a las actividades agrícolas, lo impulsó a escribir lo que sigue: "Vengo de la tierra virgen y en su vientre recibí mi primera educación; yo conozco, por tanto, las profundas necesidades de aquellos que sufren la falta de educación y de justicia".

Sin embargo, por la misma circunstancia de su nacimiento y educación, Madero se vio colocado en la cúspide de la pirámide social y económica mexicana, alejada de la mayoría del pueblo mexicano y de sus problemas. La clase superior de la sociedad mexicana mantenía casi una existencia separada. Gozaba de un grado abrumador de preeminencia social, posición económica y prestigio, fundada con frecuencia en la propiedad de vastas extensiones de tierra. La concentración de tierra en unas pocas manos significaba poder económico y dominación política por unos pocos. La característica era que esas personas vivían lejos de sus posesiones. Sólo esta clase social tenía acceso a la educación, casi siempre en Europa y ocasionalmente en la aún más extraña tierra del Norte. La posición de la familia Madero era destacada. La familia era grande, pero muy unida. La atmósfera familiar era patriarcal y estaba dominada por el abuelo Evaristo. Francisco I. Madero era la imagen de la estructura de su familia.

El desarrollo del joven fue influido por algunas experiencias emocionales psicológicas. A los doce años, en 1885, entró al Colegio de Jesuitas de San Juan, en Saltillo, capital de Coahuila. Como joven emotivo, que no hacía mucho había sido separado de la instrucción religiosa elemental prodigada por su madre y las piadosas señoras de Parras, Madero se sintió tan profundamente impresionado que deseó entrar en la Compañía de Jesús. "Llegué al convencimiento de que éste era para mí el único camino de salvación". El año siguiente, él y Gustavo asistieron al Colegio de Santa María, en un suburbio de Baltimore, Maryland. E.U.A. Más tarde recordaba que después de estar allí menos de un año escolar, aprendió muy poco inglés y ninguna otra cosa por no conocer el idioma.

En esta otra institución religiosa su gusto por la carrera eclesiástica desapareció. "Creo que si no hubiera ido a ese colegio, donde me hicieron conocer la religión bajo colores tan sombríos y tan irracionales, las creencias inocentes que mi madre me inculcó en mi tierna infancia hubieran perdurado por mucho tiempo".

A pesar de esta desilusión y la poca educación adquirida, Francisco dejó la escuela con tristeza y llevando felices recuerdos de la amistad de uno de sus profesores, de paseos en trineos tirados por caballos y otros recreos. También recuerda la pelea a puño cerrado de quince minutos con un estudiante norteamericano. Al evocar los detalles de la lucha, recordó también los daños: ojos morados, narices sangrantes, rostros magullados y el apretón de manos que siguió en el lavabo. Madero no sentía rencor contra su rival. Por otra parte, el cura que observó la pelea y gritaba incitando a los combatientes fue apenas mencionado por Madero en sus memorias.

Cuando estaba de vacaciones en Parras, antes del viaje a Europa para continuar su educación, ocurrió un incidente que predijo el futuro de modo impresionante. En una reunión en la casa de un compañero de Francisco, Ernesto Fernández Arteaga, usaron la plancheta para divertirse. La treta se hacía para obtener mensajes del médium que predecía el futuro de cada joven. Cuando le llegó el turno a Francisco, la plancheta replicó que Madero sería Presidente de México. Ese vislumbre del futuro y su seria aceptación por Francisco produjo gran hilaridad entre los adultos presentes, algunos de los cuales habían influido para obtener ese resultado. Este incidente que tuvo siendo niño influyó, sin duda, como una sugestión que lo convenció de su destino, dominando sus pensamientos y acciones desde aquel momento, según algunos han creído. Gustavo y Francisco navegaron de Nueva York a Francia, donde continuarían sus estudios. Con la excepción del primero y el último día del viaje, Francisco se mareó durante la travesía. Nacida de su inconformidad fue la fantástica idea de volver a casa a caballo, a través de Siberia, para evitar el temido viaje de regreso.

Francisco estuvo en Europa cinco años, de 1887 a 1892. Terminó su educación media en el Liceo de Versalles (después llamado Liceo Hoche). Su familiaridad con el idioma lo capacitó para aprender mucho durante un poco más de un año de asistencia. Entonces Madero comenzó su educación profesional en la Escuela de Estudios Superiores de Comercio de París. Además de taquigrafía y contabilidad, estudió para manufacturero (incluyendo métodos de producción, el sistema de localización de materias primas, mercados y determinación del precio de costo), economía política, geografía comercial, matemáticas aplicadas, finanzas, legislación civil, comercial y presupuestaria. En sus memorias recuerda el sistema educativo francés como excelente, expresando particular admiración por los frecuentes exámenes que obligaban al alumno a estudiar todo el año. Satisfecho por la recepción hospitalaria y cortés dispensada al extranjero, Madero reaccionó con típica parcialidad latinoamericana por Francia. "Cuando vamos a Francia nos sentimos más en casa que en los Estados Unidos, porque nuestro carácter corresponde más estrechamente al de los franceses que al de los anglosajones".

Cuando estuvo en París, en el año 1891, por una casualidad llamaron su atención algunos ejemplares de la *Revue Spirite,* que había sido fundada por Allan Kardec. Madero carecía de suficiente preparación para desarrollar su propia doctrina y no sometió sus creencias a un penetrante análisis. El joven estudiante mexicano consideró que era capaz de valorar el espiritismo de una manera desapasionada, ya que en aquel entonces "no tenía ni creencia religiosa ni credo filosófico alguno". Obtuvo los escritos de Kardec. "Estos —dijo— no los leí... más bien los devoré... Porque su doctrina era tan racional, bella y nueva, que me cautivó. Desde aquel momento me consideré un espiritista". Asistió a varias sesiones espiritistas en las que los médiums le avisaban que era un médium "escribiente". Él lo intentó, pero el único resultado fue el trazo de una pequeña línea ondulada, lo que atribuyó al cansancio de su mano, que había permanecido por largo tiempo en la misma posición. A pesar de la aceptación de esta doctrina, no influyó en su vida de inmediato; más bien fue una semilla que germinaría después, en un terreno más favorable. Los espiritistas de París lo introdujeron al estudio de las religiones orientales. Los resultados fueron un estudio del *Bagavat-jita,* los diálogos que contienen las enseñanzas de la creencia religiosa hindú.

Las vacaciones eran agradables intermedios para la juventud mexicana que estudiaba en Francia. Dos de tales vacaciones fueron memorables. En 1889 toda la familia fue a pasar el verano a Francia, y visitó con Francisco la Exposición Internacional de París y Versalles. Durante las vacaciones de 1891 Francisco acompañó a su madre, hermanos, hermanas y algunos tíos a Royan, un sitio de recreo francés situado en la desembocadura del río Gironda.

Durante casi tres meses se dedicó diariamente a dos pasatiempos favoritos, la natación y las caminatas. Durante ese verano el joven también acompañó a miembros de la familia a Burdeos, Lourdes y San Sebastián. Y con amigos de la familia visitó Bruselas, Amberes, La Haya, Amsterdam y Polonia. Cinco años habían pasado desde que había salido de México, y Madero, nostálgico, decidió regresar tan pronto como fuera posible.

Ya en México, Madero pasó tres meses en la hacienda de *El Rosario,* donde una gran parte de la familia pasaba el verano. Le gustaba montar a caballo. También absorbían sus energías la natación y el baile. Las vacaciones anuales en la deliciosa atmósfera de Parras dejaron para siempre en Francisco los más agradables recuerdos.

Al terminar el verano, Francisco y Gustavo acompañaron a su padre y a dos de sus hermanas, Mercedes y Magdalena, a California.

Sus hermanas se inscribieron en un colegio católico, mientras que él y su hermano entraban en la Universidad de California, en Berkeley. Francisco estudió ocho meses allí, perfeccionando su conocimiento del inglés y adquiriendo información sobre agricultura, que más tarde le fue muy útil. Al fin del año escolar los hermanos recorrieron la costa de California y visitaron el valle de Yosemite. Éste fue el último viaje de placer que hizo Francisco. Sus años de educación sistemática habían terminado. La mayor parte deben ser considerados como de enseñanza más que de educación, pues su preparación había sido casi exclusivamente vocacional para adiestrarlo en una carrera de negocios y de agricultura. Virtualmente su preparación intelectual consistía en la convicción adquirida sobre la eficacia de la democracia anglosajona, su entusiasta aceptación del igualitarismo francés y su conformidad con el entusiasmo espiritista por el progreso y bienestar.

En el otoño de 1893, Francisco, de veinte años, regresó a México a ocupar su puesto en los negocios de la familia. Su padre le asignó el trabajo de desarrollar las propiedades que tenía en la zona semiárida cerca de San Pedro de las Colonias. Al mayor de los Madero corresponde el mérito de introducir y popularizar el cultivo del algodón americano en la zona baja del río Nazas. La variedad norteña producía una cosecha muy superior al algodón que se cultivaba antes. El hijo reveló su propio pensar cuando criticó fuertemente a los agricultores que aún cultivaban la vieja variedad por un inconcebible espíritu de rutina.

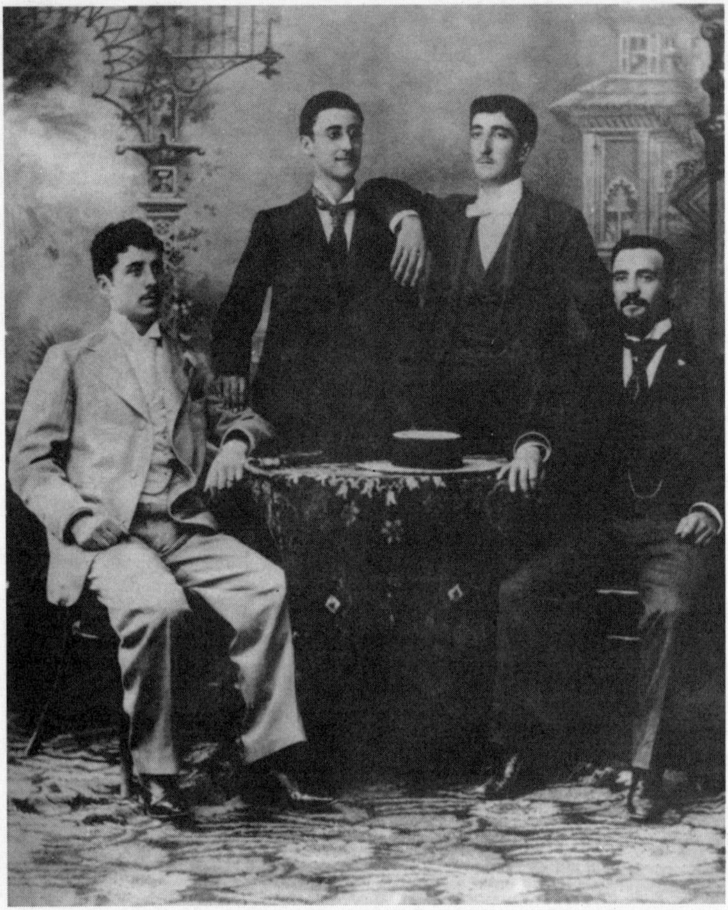

Francisco con sus hermanos, Gustavo, Alfonso y Emilio.

Como no había agua suficiente en el lecho del Nazas ese año, Francisco se dedicó a conocer las propiedades de sus padres. Este periodo representa su primera oportunidad para familiarizarse con la gente del campo y sus problemas. La población campesina del norte mexicano era, y es, predominantemente mestiza, con un nivel socioeconómico y cultural diferente al de los indios que predominaban en las zonas más habitadas del centro y sur del país. Por consecuencia, para Francisco no era posible extender la aplicación de este nivel.

En 1894 Francisco empezó a cultivar algodón en la propiedad de su padre. Importó maquinaria moderna y experimentó con semillas americanas y africanas, en busca de mayor rendimiento. Sus esfuerzos fueron afortunados, y como la región prosperaba, estimuló a otros colonos a establecerse en la zona. Entre los primeros en llegar estaban los hermanos de Madero, Alfonso y Emilio. Por esto Francisco merece reconocimiento como el primer explorador y promotor del desarrollo de la región de La Laguna, que llegó a ser una de las más productivas zonas de México. Mientras alquilaba tierras a otros en su propio interés, dedicó su mayor esfuerzo a la agricultura durante dieciséis años. En ocho años, por su propio trabajo, las oportunidades favorables y los recursos familiares, había acumulado un capital personal que pasaba de un cuarto de millón de dólares.

Madero promovía con desinterés el bienestar de sus arrendatarios. Mantuvo la tradición paternal y patriarcal de la familia en las relaciones con los trabajadores. No satisfecho con subir los salarios y asegurarse personalmente del exacto peso del algodón recolectado, Madero aplicó sus ideas y recursos a mejorar la vida de esta gente. Proveyó a sus trabajadores de bien ventiladas e higiénicas viviendas. Su médico personal fue requerido para visitar las haciendas y cuidar a los enfermos. Con sus propios fondos, Madero sostuvo escuelas elementales y exigía a los trabajadores que enviaran a sus niños a dichas escuelas. Su honradez, generosidad y espíritu democrático le granjearon el profundo afecto de sus trabajadores. Aun aquellos que más tarde se opusieron a Madero políticamente, admitían que era un hacendado notable y progresista.

Su nobleza y altruismo se extendía más allá de los límites de sus propiedades. Durante un año de sequía los precios de los alimentos subieron, y el noventa por ciento de la gente del pueblo estaba sin trabajo. Madero promovió entre los habitantes más ricos la idea de establecer un comedor público, para proveer de alimentos a los necesitados. Aunque esta institución alivió la dificultad, Madero, quien no tuvo hijos propios, continuó alimentando diariamente a más de sesenta jovencitos en su casa. Reunía en ella un número de huérfanos a quienes protegía y educaba. Las instituciones de caridad podían contar siempre con su apoyo moral y económico. Contribuyó generosamente para establecer y mantener un hospital en San Pedro. En la misma comunidad inició la creación de una Escuela de Comercio. Además de una importante contribución mensual a esta institución, Madero proporcionó becas para estudiantes.

En 1896 aprendió homeopatía con el coronel Carlos Herrera. La homeopatía es una teoría que sostiene que la enfermedad se cura con remedios que producen en una persona sana efectos similares a los síntomas de que el paciente se queja. Los remedios son usualmente administrados en muy pequeñas dosis. Después de estudiar esta teoría y empleándola para atender sus propias enfermedades, Madero llegó a convencerse de su eficacia. Así como ocho años después iba a sacrificar su fortuna y hasta su vida en un esfuerzo por reformar su país, en 1901 consagró su tiempo y energías a la curación de los padecimientos humanos. Abrió las puertas de su casa a los enfermos, escuchó sus quejas y les ofreció consejo y tratamiento. Con su botiquín visitó las casas de los trabajadores para atender a los enfermos. En su archivo se conserva un libro de "notas médicas", de noventa y dos páginas, en el que el homeópata pacientemente anotaba sus observaciones durante el curso de la enfermedad y los resultados del tratamiento de cada paciente. Aunque algunas de sus anotaciones son curiosidades médicas, proporcionan un notable conocimiento. Madero revela en las notas el temor de equivocarse en los diagnósticos. Sin embargo, una vez que éstos eran hechos, prescribía con confianza. Sus reacciones, en los diferentes casos que trataba, no eran las de un científico, sino las de un hombre sensible, extremadamente emotivo. Un caso prolongado y difícil causaba desesperación al improvisado doctor por conseguir la cura. En tales casos, nuevas prescripciones eran anotadas con mano nerviosa; cuando los resultados obtenidos eran favorables, Madero, triunfante, los anotaba de una manera clara y amplia. De acuerdo con estas anotaciones, Madero prescribió recetas para más de trescientas personas en el año 1901.

Cuando la mamá de Madero se enfermó gravemente con fiebre tifoidea en 1901, Francisco empleó la homeopatía para salvarle la vida. Fue durante esta seria y larga enfermedad de su madre cuando sufrió un significativo cambio moral. Consideremos a este joven de veintiocho años de edad, extremadamente sensitivo. Un individuo pequeño, de menos de 63 kilos de peso y algo menos de 1.60 m de estatura, pero bien proporcionado. Las personas que lo conocían quedaban impresionadas por su robustez, amplia frente y profundos, inquietos y animados ojos de color café. Su rostro era lleno y habría parecido redondo si no hubiera sido por la barba muy negra, en forma de pera, y el bigote que rodeaban su amplia boca. La sonrisa casi constante que iluminaba su rostro acentuaba la amplitud de sus mejillas. Francisco tenía los ojos y la expresión de su madre. Su temperamento era nervioso, su aire inquieto. Cuando hablaba, sus manos gesticulaban; su alta y atiplada voz se agudizaba según crecía el entusiasmo. Además de cabalgar y nadar, le gustaba el baile. Fumaba bastante, bebía cerveza y poseía una bodega de muy buenos licores. De acuerdo con su propia confesión, llevaba una vida disipada. Reflexionando bajo el estado nervioso que le provocó la enfermedad de su madre, llegó a la conclusión de que había llevado una vida inútil. Entonces decidió dejar de fumar y beber. El baile permaneció como su única forma de diversión. Como Madero adoptaba siempre las ideas con mucho fervor, llegó a ser defensor de la temperancia. Después simplificó su dieta convirtiéndose en vegetariano.

Sara Pérez, hija de Macario Pérez, quien poseía tierras en los estados de México y Querétaro, asistía a la escuela en California con las hermanas de Madero. Francisco la conocía ligeramente, pero la íntima amistad de Sara con Mercedes y Magdalena culminó en un encuentro con ella en México. Madero visitaba a Sara en la ciudad de México y se escribían con frecuencia. Aunque se amaban profundamente, los sentimientos de Francisco oscilaban y de esto culpaba a la "distancia y la vida disipada". "Acabé por romper con ella sin ningún motivo". Una vida social todavía más activa no pudo borrar la memoria de este amor. Cuando en 1901 volvió a encauzar su vida, determinó renovar las relaciones con Sara. Escribió a su primo Rafael Hernández pidiéndole informes acerca de ella. "Estoy ansioso de ver a Sarita... con mis propios ojos, para saber si ha olvidado todo lo que pasó". Persistió en su propósito a pesar de los obstáculos, incluso ante la objeción del padre de Sara, pero, al fin, dice, "tuve el inmenso placer de estrechar entre mis brazos a la que debía ser mi inseparable, mi amantísima compañera y quien debía ocupar un lugar tan predominante en mi corazón". Sara y Francisco se casaron en una ceremonia civil celebrada el 26 de enero de 1903 en la capital mexicana. Macario Pérez no asistió a la boda. La ceremonia religiosa estuvo a cargo del arzobispo al día siguiente.

Después de estar unos días en el hotel Reforma, Francisco y Sara regresaron a San Pedro para residir en una casa frente a la plaza principal. Allí vivieron modestamente, llevando una feliz existencia, nublada solamente por la carencia de un fruto de su unión. Francisco demostró ser un esposo atento y amoroso. Sara, mujer delicada, fue un modelo de ternura, simpatía y abnegación. Aparentemente contribuyó a la dirección y determinación de las decisiones de su esposo para orientar el trabajo de su vida.

Faltaba poco tiempo para que Madero hiciera de la política su campo de acción. Tal vez la discusión sobre la reelección final del dictador Díaz le estimuló la mente en materia política. Seguramente su ideología democrática fue un factor importante. Sin embargo, la entrada de Madero a la vida política estaba estrechamente asociada a las creencias espiritistas. Después de su regreso a México, siguió siendo un devoto espiritista; organizó un pequeño grupo de estudio en San Pedro, se suscribió a una revista espiritista, se comunicó con los adeptos de varios países y pidió ejemplares de la obra de Kardec, *El libro de los espíritus*, y de la de León Denis, *Después de la muerte.*

En esa época se vio envuelto en una discusión con su tío Antonio Garza, quien le proveyó de una clave para sus pensamientos religiosos y espiritistas. Escribió a su tío diciéndole que era conveniente numerar los puntos en los que estaban de acuerdo, para poder descubrir la causa de sus diferencias. Observó que ambos aceptaban la "existencia de un increado, eterno e infinitamente grande y buen Dios". También estaban de acuerdo en la existencia de un alma o espíritu que goza de vida eterna y que al dejar el cuerpo experimenta alegría o dolor según sus méritos. Además, estuvieron conformes en que los espíritus son capaces de comunicarse con los vivos, aunque el tío reservaba esto sólo a los espíritus buenos.

Madero partía de estos tres puntos al exponer sus creencias. Aunque había abandonado por nula la experimentación como médium escribiente en París, renovó sus esfuerzos durante las largas horas que cuidaba a su tío Manuel Madero, enfermo de un desorden gástrico. Informó que después de un corto tiempo sintió una fuerza, extraña a su propio deseo, que movía su mano con gran rapidez. Resolvió continuar los experimentos, y pocos días más tarde su mano escribió, en temblorosas y grandes letras: "Ama a Dios sobre todas las cosas y a tu prójimo como a ti mismo". Al día siguiente se repitió el fenómeno. Al tercer día escribió una recomendación para orar. Más tarde refirió que recibía muchos mensajes sobre cuestiones filosóficas y morales, que siempre fueron escritos en hermoso estilo. A estas comunicaciones en particular y a los principios de espiritismo en general atribuyó su transformación y su preocupación por el bienestar de su país.

En 1906 asistió como delegado por el Centro de Estudios Filosóficos de San Pedro de las Colonias al primer Congreso Nacional Espiritista en la ciudad de México. Participó activamente en los debates y en varias comisiones. Uno de estos grupos investigaba los modos apropiados para esparcir la filosofía espiritista más efectivamente. Al parecer, Madero había encontrado el sendero para servir a su prójimo. En una carta fechada el 26 de junio de 1906, escribió a León Denis, en Tours, Francia, manifestándole que pensaba entrar en la política "tan pronto como se presentara una oportunidad, ya que era el campo de combate que había elegido para luchar por la causa".

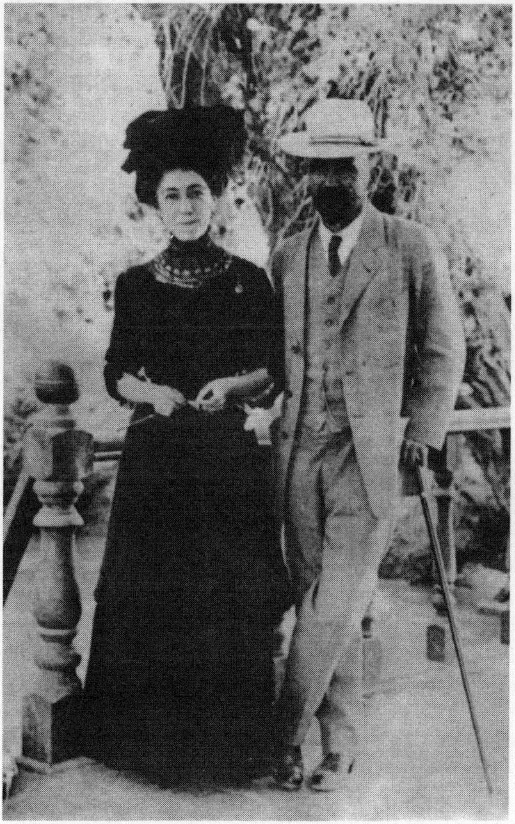

Los esposos Francisco y Sara.

El mismo verano amonestó a su hermano Evaristo, quien estudiaba en el extranjero, diciéndole: "No te olvides que eres mexicano". También lo excitó a acostumbrarse a las circunstancias físicas de la escuela militar, le gustara o no, para que "cuando regreses a tu país, puedas ser capaz de prestar servicios importantes. Esto sería particularmente provechoso si llegaras a tiempo para la gran lucha política que se está preparando para el próximo futuro". Francisco I. Madero ya pensaba en términos de servicio a la nación y al pueblo.

Cuando nació Francisco I. Madero, México estaba a las puertas de una nueva Era política. En tres años, Porfirio Díaz había dirigido el levantamiento militar triunfante que marcó el principio de tres décadas de dominación. Madero llegó a la madurez durante la dictadura de Porfirio Díaz.

En 1904 el periodo presidencial fue extendido a seis años, y Porfirio Díaz había sido elegido para un sexto periodo. El régimen de Díaz marca un notable cambio en el ritmo de la vida de la nación mexicana. Mientras que la política era restringida, se aceleró el desarrollo económico de la nación de manera rápida y forzada. El régimen de Porfirio Díaz fue el milagro económico y político de México en el siglo XIX.

Díaz se empeñó en dar a México paz y estabilidad. Allí donde el latrocinio, la revolución y las guerras habían sido constantes, la nueva Era fue perturbada solamente por brotes esporádicos que fueron rápida y eficazmente eliminados. El segundo objetivo de Díaz después de la paz fue el lema "poca política y mucha administración". Traducida a la práctica, la frase significa que la oposición no sería tolerada. En cambio, hizo la promesa de un gobierno eficiente, de orden, progreso y gran prosperidad. La realización del progreso material y de la prosperidad fueron una notable característica de la época de Díaz. La paz y la estabilidad fueron las bases para el avance económico y la rápida industrialización.

Porfirio Díaz recibió en 1876 una nación cansada de la anarquía, de la guerra civil y de la miseria. Los mexicanos estaban ansiosos de paz y estabilidad. El régimen intermedio de Manuel González, de 1880 a 1884, convenció más a la nación de la indispensabilidad del Jefe que reasumió la presidencia. En esa época el régimen de Díaz emanó probablemente, al menos en su iniciación, de la voluntad popular. La mayor parte de las siguientes reelecciones del Presidente descansaban, en cierto grado, en la tolerancia y apatía del pueblo mexicano; pero la duración del gobierno de Díaz no implica que la confianza y la apatía solas son suficientes como explicación. El gobierno del general Díaz, aunque regular en apariencia, fue por función y naturaleza estrictamente personal.

Díaz revocó la Constitución de 1857, no de palabra ni por escrito, sino de hecho. República federal, la división de poderes del gobierno y la democracia eran ficciones mantenidas. Las elecciones eran rituales, protocolares. En la práctica, toda la autoridad llegó a concentrarse en el gobierno central, ante todo en el poder ejecutivo y especialmente en el Presidente. La reelección de este funcionario vino a ser cuestión de forma. Del Presidente abajo, la maquinaria electoral, legislativa y judicial, fue suplantada por procedimientos administrativos. El gobierno personal como método político sustituyó a los partidos políticos y a los principios. Las relaciones políticas se hacían sobre las bases de la amistad y la confianza. El gabinete, el Congreso y los gobernadores estaban ligados al dictador por lazos de amistad e interés. Una relación similar existía entre los jefes políticos y los gobernadores, y entre los presidentes municipales y los jefes políticos. La maquinaria entera del gobierno local, provincial y nacional dependía del deseo de un solo hombre.

Un personal de irresponsables y ambiciosos militares había sido uno de los grandes factores en la turbulenta vida política del pueblo mexicano. El dictador "sacó los colmillos a los militares", neutralizando su influencia y dándoles preponderancia en el régimen. Los generales se convirtieron en hombres ricos, manteniendo un gobierno generoso en concesiones económicas y dádivas de tierras; era un gobierno dispuesto a aceptar las cuentas de gasto de cualquier comandante que vendía mercaderías a los indios, contra los cuales guerreaba. Los comandantes sospechosos de ambiciones desmedidas o aquellos que tenían la osadía de retar a Díaz eran castigados severamente.

Los elementos que habían sido motivo de contienda antes que Díaz llegara al poder, se transformaron en sostenedores del régimen y contribuyentes a la paz de la nación; los caciques locales, el ejército, los partidos conservador y liberal y la Iglesia. A estos elementos de sostén deben sumarse los capitalistas, principalmente extranjeros, quienes, estimulados y generosamente ayudados, se desarrollaron en una oligarquía financiera y mercantil, asociados a la continuación de la dictadura, como la mejor garantía de sus privilegios, riqueza y poder. La oportunidad también atrajo a los intelectuales. La burocracia fue ensanchada en un novecientos por ciento, abarcando a muchas personas cultas. Otros, especialmente abogados, hallaron empleos entre los concesionarios extranjeros; las escuelas, exceptuando las de tipo confesional, eran sostenidas por el gobierno y sujetas a su control. La administración ayudó ampliamente a la prensa que servía para defender su política, desacreditar a los enemigos y engrandecer el coro de alabanzas al dictador. La prensa opositora estaba sujeta a una persecución sistemática. Con dificultad se encontraba un intelectual que no estuviera sujeto al régimen. Por lo tanto, es fácil de entender por qué la Revolución Mexicana sufrió una gran deficiencia de hombres con preparación intelectual.

La oposición era brutalmente suprimida. Tras los muros de la cárcel de Belem, en la capital, y en la prisión militar de San Juan de Ulúa, el dictador trató de quebrantar el espíritu de los que osaban oponérsele. Para los individuos más tenaces se reservaba la colonia penal de Quintana Roo, el territorio más mortífero de la nación. Las personas destinadas a servir cargos allá, así como los sentenciados, raramente regresaban.

Algunos de los opositores del régimen no vivieron para ver el fin de sus prisiones. Muchas personas fueron víctimas de la *ley fuga*. Muchas ejecuciones sumarias fueron llevadas a cabo con una nota lacónica: "fusilados mientras trataban de escapar"; esto servía como explicación aceptable.

La conscripción obligatoria en el ejército, las migraciones impuestas y los trabajos forzados eran métodos de persuasión y pacificación. Cuando se necesitaban tropas, cada Estado aportaba un contingente. El enrolamiento y la leva no eran el servicio militar obligatorio, sino que se hacía por orden administrativa de funcionarios locales; la leva era convertida en instrumento de persecución y venganza. Los indios yaquis de Sonora eran transportados de sus casas bajo amenaza de muerte a los trabajos forzados, a las plantaciones de henequén de Yucatán y a los campos de tabaco del valle nacional de Oaxaca, como castigo y en nombre de la pacificación. México tenía paz, pero el precio incluía la tiranía y la supresión de las personas.

La paz, la oportunidad y la prosperidad atraídas por el régimen de Porfirio Díaz estaban reservadas a unos pocos privilegiados. Los intereses políticos, sociales y económicos de la mayoría de los mexicanos eran tratados con desprecio. El pueblo de México también sufría la falta de equidad en la administración de la justicia. El estado de la educación pública daba vergüenza. Se construyeron escuelas, pero pocas, y la distribución era desigual. Fuera de la capital y de importantes ciudades provinciales, las facilidades eran nulas. Aun aceptando las estadísticas oficiales, el grado de analfabetismo era alto y mostraba sólo un pequeño decrecimiento hacia el fin del régimen. En 1895, el ochenta y seis por ciento de la población no sabía leer ni escribir, y hacia el fin del gobierno de Díaz, cuatro de cada cinco personas eran analfabetas. Las condiciones de salud también eran muy desalentadoras. Había un alto porcentaje de enteritis, neumonía, malaria y enfermedades venéreas.

La carga más pesada era impuesta a los medios rurales, que comprendían la mayoría de la población. Allí la presión del sistema político imperante era más fuerte, creando condiciones que causaban disturbios. El despotismo generalizado de los caciques ya se había hecho sentir. El cacique se convertía en un instrumento del gobierno central, un tirano sin iniciativa ni apoyo local. Llegó a ser enemigo de su propia gente y de su propia zona. Lo peor de todo era que la política agraria del gobierno de Díaz contrarrestó los esfuerzos del movimiento de reforma de mediados del siglo XIX por destruir el sistema feudal de los terratenientes mexicanos, con serias consecuencias para el equilibrio socioeconómico del país.

La ley reformada de 1894 permitía la venta de extensiones de tierra sin límite de tamaño. Las compuertas fueron abiertas para el acaparamiento de tierras en gran escala. El pequeño terrateniente cuyo título no era juzgado legal y la comunidad que no podía poseer tierras legalmente sufrían las consecuencias. Muchas denuncias de las comunidades poseedoras de tierras fueron el resultado de esta situación y, por consiguiente, los indios quedaron desposeídos y sus comunidades incorporadas a los grandes latifundios.

Las comunidades de indios fueron desposeídas de sus tierras mediante la tergiversación de los derechos de riego. Por último, las tribus de indios como los yaquis, los mayos de Sonora y los mayas de Yucatán, fueron despojados de sus tierras como castigo por rebelarse. En nombre de la paz y del progreso eran ignoradas las quejas justas, y la cruel represión, la dispersión y la servidumbre esperaban a los indios que protestaban.

Este inmenso ataque en contra de la comunidad indígena trastornó el equilibrio de su sociedad y, por consecuencia, rebajó el bienestar de sus miembros. El destino principal que aguardaba a la mayoría era un estado de servidumbre en las grandes posesiones territoriales. A causa del aniquilamiento de las comunidades indígenas y de las grandes concesiones de tierras, el sistema de haciendas se extendía y consolidaba. Las grandes posesiones se apoyaban en el procedimiento de mantener endeudados a los peones, cuya situación agravaban lastimosamente con bajos salarios (de 12 a 18 centavos diarios), pagados ordinariamente en especie, por medio de fichas o abonándoles algo a su cuenta, así como por el comercio de la *tienda de raya*.

El capital extranjero estaba superpuesto a esta base feudal agraria. La industrialización forzada y acelerada acentuaba el sistema colonial de la economía mexicana, destacándose las industrias extractivas, especialmente la minería. Los extranjeros construyeron vías férreas bajo condiciones liberales, ignorando las necesidades económicas básicas del país y prefiriendo el comercio exterior al doméstico. El gobierno, revocando las normas legales mexicanas que databan de los tiempos coloniales, dio a los concesionarios títulos indiscutibles para remover del subsuelo los depósitos minerales. Díaz se jactaba con frecuencia de los nuevos títulos concedidos a los propietarios mineros, porque eso era progreso. México recibía para sus hijos solamente largas horas de trabajo y bajos salarios. Los extranjeros trasegaban la riqueza y, en este proceso, los recursos de la nación perdían su nacionalidad. Los extranjeros no sólo explotaban económicamente a México, sino que gozaban de una influencia más grande que la correspondiente a su número. En los tribunales se les atendía de manera preferente. Había pruebas diarias del dicho de que México, bajo la administración de Díaz, había llegado a ser "la madre de los extranjeros y la madrastra de los mexicanos".

La industrialización de México y la vigorosa explotación de sus riquezas trajo a escena un nuevo elemento trabajador. El crecimiento de una fuerza laboral independiente, de carácter industrial, libre de todo control y gozando de movilidad de acción, era de primera importancia para el desarrollo revolucionario del futuro. El trabajo de los ferrocarriles también ofrecía una oportunidad halagadora a los que llevaban la vida restringida de las plantaciones. Sin embargo, durante la última década de la dictadura estallaron huelgas en la *Green Consolidated Mining Company*, de Cananea, Sonora, y otra en la fábrica de tejidos de Río Blanco, Veracruz. Aunque esas huelgas no representaron una amenaza seria para el régimen, eran síntomas del creciente descontento. La actitud adoptada por el gobierno en la lucha entre el capital y el trabajo revelaba que la represión sangrienta era el remedio que Díaz aplicaba a los males sociales del pueblo.

Francisco I. Madero, sensible y altruista, se angustiaba por el espectáculo que su país presentaba "bajo la paz porfiriana". Su creencia en el espiritismo y en la democracia contribuyeron a su decisión de entrar en la política. El primero apelaba a la emoción y al sentimiento de este hombre que parecía estar buscando sin descanso su misión en la vida. Eso le dio la estructura moral y filosófica de sus impulsos sociales y humanitarios. Devoto de la democracia, Madero se convenció de que la prolongada dictadura era la explicación de la ignominia en que estaba el país.

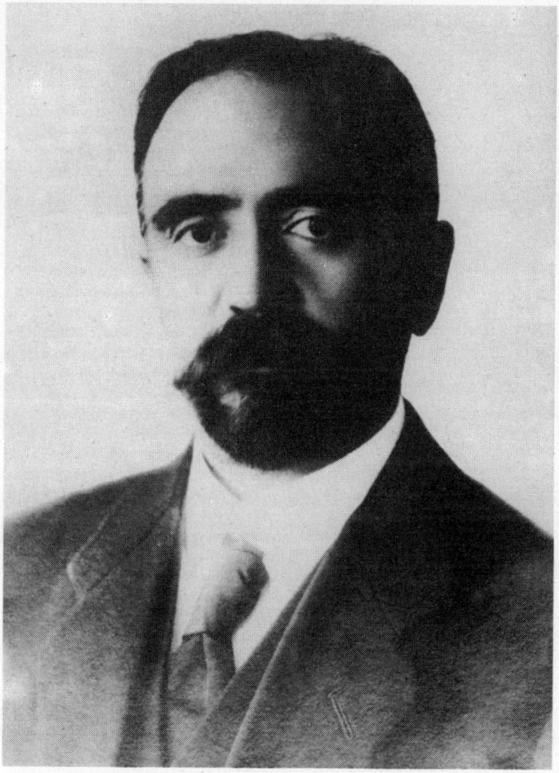

Retrato de Francisco I. Madero.

CAPÍTULO II

En el camino de la política

No podemos pensar que Madero presumiera inicialmente que podía salvar a sus conciudadanos. Más bien sus esfuerzos tenían la sagrada obligación de cooperar en la práctica de la democracia.

Esto lo confirma un incidente ocurrido en Monterrey en 1903, que lo sacudió y lo sacó de su "criminal indiferencia". El 2 de abril de ese año, agentes del gobernador Bernardo Reyes disolvieron a balazos una manifestación pacífica de partidarios de un candidato independiente para el puesto de gobernador; amigos y parientes de Madero presenciaron el trágico acontecimiento, y Francisco quedó profundamente conmovido.

La sensación producida en el país por los sucesos de Monterrey convenció a Madero de que el espíritu público y la decencia no estaban muertos. Aunque era evidente que el gobierno estaba decidido a suprimir cualquier movimiento opositor, Madero y algunos amigos acordaron organizar en la primera oportunidad un verdadero movimiento democrático "a fin de principiar la lucha por la reconquista de nuestras libertades".

La elección para gobernador de Coahuila en 1905 ofreció la oportunidad. Durante cuatro años, Madero y algunos amigos y parientes habían hablado descorazonadamente de hacer algo para aliviar las vergonzosas condiciones del Estado. La noticia de que la candidatura para gobernador de Frumencio Fuentes, amigo del vicepresidente Corral, estaba para ser proclamada en Torreón, impulsó al grupo de Madero a entrar en campaña en un esfuerzo tendiente a bloquear a este candidato. Organizaron un grupo político en San Pedro, el Club Democrático Benito Juárez, y eligieron a Madero como presidente de la directiva. Proyectaron establecer organizaciones similares en todo el Estado y reunir una convención a fin de elegir un candidato independiente.

A finales de 1904 se realizaron las elecciones municipales en San Pedro. Aunque relacionada con la campaña general del Estado, la lucha local era un episodio independiente para el grupo de Madero, porque interesaba solamente al club de San Pedro. Los miembros del club decidieron presentar candidatos para los cargos municipales.

El día de las elecciones Madero estuvo visitando cada mesa electoral y aconsejando al pueblo acerca de sus derechos y cómo ejercerlos. Cuando los encargados del escrutinio se reunieron en la plaza, la policía formó un círculo, rodeándolos. Parecía inevitable un choque entre las autoridades y el pueblo y, a fin de evitarlo, Madero se las arregló para que la directiva prosiguiera el trabajo en su casa. Madero acusaba al "gobierno de usar toda clase de trampas para nulificar nuestros esfuerzos" y convertir en una derrota la merecida victoria del candidato de la mayoría independiente.

Sin desanimarse, los miembros del Club Democrático Benito Juárez intensificaron los preparativos para la elección gubernamental. Madero se comunicó con personas notables del Estado, viajaba organizando clubs y escribiendo artículos. Al tiempo que escogía su junta directiva, el club acordó publicar un semanario político de combate, *El Demócrata.* En este periódico hizo Madero su aprendizaje como escritor político. El primero de una serie de artículos se llamaba "Vox populi, vox dei"; en él proclamaba elocuentemente su fe en la democracia. En este periódico los independientes hablaban al pueblo de sus derechos y lo invitaban a participar en las próximas elecciones. Algunas semanas más tarde, el grupo de San Pedro empezó también a publicar un periódico satírico llamado *El Mosco.*

Madero admiraba la política norteamericana, por ello favorecía la selección de un candidato y la preparación de un programa en una Convención compuesta de delegados con representación proporcional a la población de cada distrito. El club de San Pedro había fijado tal Convención para el día 5 de febrero de 1905. Sin embargo, el Club Central de Torreón estaba también empeñado en oponerse a la reelección del gobernador Miguel Cárdenas. Este grupo, actuando independientemente de la organización de Madero, representaba al elemento "corralista" (partidarios del vicepresidente Corral) en el Estado y se proponía presentar a Frumencio Fuentes como candidato. Pensando que cualquier división sería fatal para la oposición, el grupo de Madero aceptó posponer la Convención hasta mayo para que participaran ambas agrupaciones.

En la Convención, que se celebró en la Ciudad de México y a la que asistieron más de cien delegados, Madero y sus seguidores sostuvieron la candidatura del doctor Dionisio García Fuentes, de Saltillo. Pero fue elegido el corralista Frumencio Fuentes, y se aprobó un programa en el que se aseguraba extender la instrucción pública, garantizar los derechos civiles y el principio de "no reelección" de los funcionarios locales y del Estado. Frumencio Fuentes aceptó el programa, pero se opuso a que se incluyera la frase "no reelección", para evitar un disgusto a Porfirio Díaz, del cual esperaba recibir apoyo. Cuando éste le manifestó su determinación de apoyar a Cárdenas, Frumencio Fuentes y sus amigos telegrafiaron a los independientes de Coahuila para que terminaran la campaña. Madero se apresuró a ir a la ciudad de México para tratar de salvar algo de la situación. El telegrama había desmoralizado a los independientes que consideraban ahora la lucha perdida. Madero trató de convencer a Fuentes de que era necesario salvar el honor del partido, continuando la lucha "aunque vayamos a la derrota", pero el candidato insistió en que la campaña debía terminar.

El día de las elecciones, los independientes encontraron todos los lugares de votación controlados por representantes del gobierno protegidos por la policía. Sin embargo, la oposición todavía ganaba en algunas comunidades, pero estos resultados fueron rechazados por la Junta de escrutinio. Terminada la farsa electoral, las autoridades desataron una ola de represalias en contra de la oposición. Fue dictado un auto de prisión contra Madero, pero el gobierno central dio órdenes de que su persona fuese respetada. También fue ordenado el arresto de los redactores de *El Demócrata* y *El Mosco*. Como estos individuos no pudieron ser localizados, las autoridades dictaron una orden de registro de la casa de Madero, en la cual se presumía lógicamente que los perseguidos se escondían. Los esbirros hallaron el camino cerrado por doña Sara de Madero, quien logró retardar la entrada hasta después de las seis. Como la ley prohibía la ejecución de una orden de arresto después de esa hora, se impidió así el registro durante el día. Aunque la casa estaba vigilada, los perseguidos lograron saltar un muro y entrar en la casa contigua, escapando más tarde en una carreta cargada de paja con dirección a una hacienda que pertenecía a Madero. Cuando encontraron asilo en los Estados Unidos, el incidente terminó.

Pero Madero no se desanimó por esta derrota inicial, y decidió esperar una oportunidad favorable para organizar la política nacional. Los años siguientes fueron muy laboriosos para Francisco I. Madero. Los periodistas independientes lo hallaron listo para proveer de fondos y consejos a aquellos que mantenían viva la llama de la oposición. Entre los opositores que recibieron ayuda de Madero estaban Ricardo y Enrique Flores Magón. Estos hermanos mestizos habían venido a ser gradualmente los jefes del partido liberal mexicano, que dirigía una campaña de "pega y corre" contra el régimen de Díaz. Abogados perseverantes de un radicalismo "lírico", avanzaban de un simple espíritu de oposición a una lucha por un visionario anarquismo filosófico.

En 1892 Ricardo empezó la carrera de oposición, que duraría toda su vida, con artículos en periódicos, participando en las demostraciones contra la reelección de Díaz, sufriendo por ello frecuentes encarcelamientos. En agosto de 1900, el primer número de su periódico *Regeneración* apareció en México. Durante dieciocho meses los hermanos Flores Magón repitieron el ciclo de oposición periodística, interrumpida por las prisiones que ordenaba la dictadura. Excarcelado de Belem a fines de 1903, Ricardo buscó refugio en los Estados Unidos con la intención de organizar un movimiento que derribara la dictadura desde Texas.

Francisco I. Madero prestaba a los liberales grandes sumas de dinero para facilitarles su transporte de San Antonio a San Luis y para continuar la publicación de *Regeneración,* que el pensaba que ayudaría a la "regeneración de la patria, levantando a los mexicanos con noble indignación contra los tiranos". Ricardo consideraba la ayuda de Madero como salvadora de la causa liberal. Sin embargo, a mediados del verano de 1906, Madero empezó a poner reparos porque el grupo de Flores Magón se encaminaba hacia la revolución. Cuando Prisciliano G. Silva visitó a Madero en San Pedro en septiembre de 1906, para invitarlo a que apoyara los planes subversivos, Madero declaró que consideraba un crimen ensangrentar el país por ambiciones de interés personal. Los liberales atacaron Jiménez, en Coahuila, y Madero se apresuró a asegurar a su abuelo que no estaba asociado a tales disturbios y que no los apoyaba.

Madero reaccionó de muy distinta manera en relación con la huelga de Orizaba. Durante los días de los disturbios de la zona textil, Madero demostró una vez más su simpatía e interés por los trabajadores. Se conmovió por la represión brutal del gobierno, y creía que ese suceso haría avanzar el movimiento democrático que él trataba de fomentar. Madero culpó duramente a la prensa que por miedo no había señalado la responsabilidad de aquellos a quienes correspondía: los industriales que proyectaban cerrar las fábricas y Porfirio Díaz.

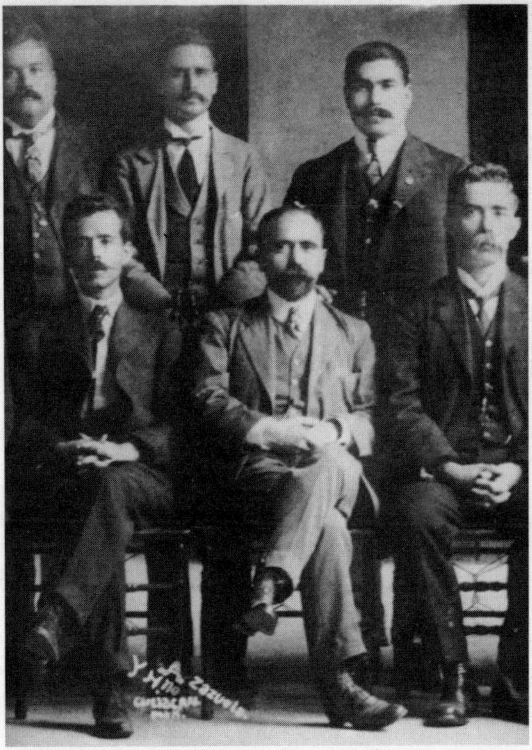

Madero con antirreleccionistas de Sinaloa.

Francisco I. Madero preparaba activamente los trabajos fundamentales para el movimiento democrático. Exaltado por su ideal, continuaba la búsqueda de hombres inconformes con la política. Por eso escribió a Victoriano Agüeros, persistente opositor del régimen en su periódico *El Tiempo,* diciéndole que los que amaban a la patria y se preocupaban de su futuro esperaban ansiosamente la próxima campaña electoral. Advirtió el peligro de que un pueblo desesperado podría recurrir a la revolución, lo que sería un paso desastroso. El camino correcto era la restauración de las prácticas republicanas por la formación de un partido nacional, con dos objetivos principales: la alternabilidad del poder y la elección de un Congreso representante de la voluntad nacional. El requisito para lograr este fin sería la libertad electoral. Estos objetivos, más brevemente escritos, estaban destinados a ser el lema de la política revolucionaria de Madero: SUFRAGIO EFECTIVO Y NO REELECCIÓN. De la respuesta de Agüeros se desprende que no compartía el optimismo de Madero. En todas partes, el periodista encontraba solamente "servilismo, indiferencia y miedo".

Pero Madero, siempre optimista, persistía en sus puntos de vista. Por este tiempo la situación era más favorable para una organización política a escala nacional. Las condiciones habían cambiado por la publicación de una entrevista concedida por Porfirio Díaz al periodista norteamericano Creelman.

Por primera vez en muchos años había una renovación de las discusiones políticas serias en 1908. El estimulante fue la entrevista concedida en febrero por Díaz a James Creelman y publicada en *Pearson's Magazine.*

Después de una breve descripción del mandatario mexicano a los setenta y ocho años de edad y las copiosas alabanzas de su reinado, Creelman anunciaba la repentina noticia de que Díaz afirmaba que se retiraría del poder al final de su periodo y que no aceptaría otra vez la reelección.

Don Porfirio recordaba que en ocasiones pasadas había tratado de dejar la presidencia, pero que, bajo la presión del pueblo, había permanecido en el poder para el bien de la nación. Sin embargo, declaraba ahora que estaba convencido de que al fin el pueblo mexicano podía elegir un gobierno sin el peligro de una revolución. "Firmemente creo que los principios de la democracia han crecido y florecerán en México". Díaz indicaba que vería con agrado la aparición de un partido opositor. "Lo sostendré, lo consultaré y me olvidaré de mí mismo, para inaugurar con completo éxito un gobierno democrático en la República".

Con esto Díaz cometió una imprudencia política. *El Imparcial* reimprimió la entrevista, empezando el 3 de marzo de 1908. *The Mexican Herald* y *El Tiempo* reprodujeron lo más importante y, por varias semanas, los principales periódicos de la capital y de los Estados comentaron el significado de las declaraciones del dictador. Sería difícil sobrestimar el efecto del reportaje de Creelman, que "estimuló un sentimiento de gran expectación en todo el país".

La reacción a las declaraciones de Díaz a Creelman probaban que el dictador había cometido un serio error de cálculo político. Un torrente de literatura política y una proliferación de organizaciones políticas rápidamente comprometieron la estabilidad y el equilibrio de la dictadura. Sin tomar en cuenta si las opiniones de Díaz eran sinceras, la oposición procedió a interpretar sus palabras en un sentido literal. En el término de seis a ocho meses apareció una serie de folletos discutiendo los asuntos políticos para agitar la opinión pública.

Creyendo en las declaraciones del dictador, Madero y otros ciudadanos urgían la formación de partidos políticos. Desde 1908 hasta la primavera de 1910, Francisco I. Madero se preocupó del peligro de la prolongación del poder absoluto en México. A pesar de la entrevista con Creelman, preveía que Díaz quería continuar en la presidencia. Sin embargo, sabía que las declaraciones de Díaz habían dado a la oposición un poderoso medio de presión. Madero esperaba que el gobernante, enfrentado a la opinión pública organizada en partido político, vacilaría en reelegirse y al menos concedería la designación de un vicepresidente más aceptable. Esperaba al menos ganar una concesión que prometiera mejores condiciones políticas para México hacia el fin del régimen de Porfirio Díaz. Los seguidores del general Bernardo Reyes intensificaban sus actividades políticas y se organizaban nacionalmente. Un grupo en la ciudad de México fundó el Partido Democrático. Francisco I. Madero y sus amigos impulsaron la organización de un partido antirreleccionista. El malogrado Partido Liberal Puro y el Partido Liberal completaron la creciente lista de "partidos de oposición".

Porfirio Díaz se había metido en el proverbial avispero. Cuando Filomeno Mata, el indomable director del *Diario del Hogar,* envió una carta abierta a Díaz preguntándole si confirmaba o negaba el contenido de la entrevista con Creelman, el presidente se negó a contestar categóricamente, anotando sólo que sus declaraciones eran la expresión de su "deseo personal". La retractación ya era tardía. Las discusiones y la organización política habían llegado muy lejos y, en lo futuro, serían empujadas por un pueblo cuya inquietud aumentaba debido a las grandes injusticias económicas y sociales.

Madero estaba animado por los excelentes resultados de los folletos y libros publicados después de la entrevista de Creelman. En noviembre de 1908 predijo que habría más acontecimientos "después que otros libros... sean publicados". Entre los "otros libros", el que Madero tenía en su mente era el suyo propio: *La sucesión presidencial en 1910.*

Poco después de la entrevista con Creelman, quizá en el mes de abril de 1908, Francisco I. Madero empezó a escribir el libro que representaría una parte importante de su contribución a la excitación política de los dos años siguientes. En septiembre, Madero sufrió de un mal en un ojo, resultado sin duda del esfuerzo y concentración en la lectura. Por algún tiempo tuvo que permanecer en un cuarto con escasa luz. Y aunque el prólogo del libro estaba fechado en el mes de octubre de 1908, *La sucesión presidencial en 1910*, se publicó hasta el mes de enero de 1909. Entre los factores causantes de la tardanza también estaba el deseo del autor, casi una obsesión, de obtener la aprobación y bendición de sus padres.

La actitud de la familia hacia sus actividades políticas tuvo varias fases. Mientras que Gustavo y las hermanas permanecían entusiastas en su favor, los padres y el abuelo sólo se convencieron gradualmente a lo largo del desarrollo de los acontecimientos políticos. El abuelo Evaristo, que era una inspiración para su idealista nieto, era el jefe de la oposición. Práctico y experimentado, Evaristo reconocía aún más que Francisco, a dónde lo conducía el camino que seguía y los obstáculos y peligros consecuentes. Inicialmente la actitud de los padres estaba determinada por la misma tolerancia contemporizadora con que habían tratado sus otras "fantasías"; sin embargo, tan luego las actividades de Francisco se revelaron de manera clara, el padre de Madero se opuso, temeroso de sus propios intereses, y su esposa llegó a alarmarse.

Desde principios de noviembre de 1908, el padre resistió por algunos meses la urgente y repetida solicitud de permiso que Francisco le había pedido para lanzarse a la carrera política, dando su libro a la publicidad. El padre aún trataba de hacer que su hijo renunciara a cualquier proyecto político. Las cartas de Francisco son las de un hijo respetuoso, para quien las bendiciones de sus padres eran indispensables. Rogaba y adulaba, recurría a todo argumento, y sin descuidar la emoción, suavemente se mantenía entre la independencia y la obediencia. El tiempo pasaba sin una respuesta que dijera algo sobre el consentimiento del padre, y Francisco se impacientaba. Insistía en que el peligro que podía sobrevenir debía ser ignorado en la dura lucha por la libertad, emprendida para que "podamos dejar a nuestros hijos un próspero y gran país".

El 22 de enero Madero recibió un telegrama en el que sus padres le concedían el permiso y le enviaban sus bendiciones. Los padres podían calificar la conducta de Francisco como loca y peligrosa, pero era su hijo. Expresando su alegría y gratitud, Francisco relataba cómo aquella misma mañana había soñado que veía a su padre con una tierna expresión en el rostro y que le daba su bendición.

El libro de Madero *La sucesión presidencial en 1910* está dedicado a los héroes del país, en cuyo ejemplo el autor halló la inspiración para el trabajo que empezaba; al periodismo independiente, que había apoyado durante treinta años la desigual lucha en contra del poder dictatorial, y a todos los buenos mexicanos que no habían perdido el ideal de la patria y los conceptos de libertad y sacrificio. Observando que pertenecía a una familia privilegiada, sin motivo de queja contra la administración porfirista, Madero declaraba que ni odio familiar ni personal, sino que el amor al país lo había guiado a escribir el libro. Su propósito era explicar el estado actual de la situación de México y llamar a todos los mexicanos para organizar un partido político basado en los principios que triunfarían tarde o temprano. Su propósito era despertar a sus conciudadanos para que con un esfuerzo poderoso y organizado intentaran efectuar un cambio en el destino político del país.

El libro se divide en tres partes. La primera sección, más de una cuarta parte del libro, contiene un breve compendio de la historia mexicana, destacando el problema del militarismo. Madero creía que la causa de la situación existente residía en las continuas revoluciones y en las dictaduras militares. Esta sección termina con un análisis de Díaz, sus ambiciones, su política y los medios de los que se valía para mantenerse en el poder. Aunque Madero era cortés con Díaz, lo miraba como un hombre arrastrado constantemente por una idea fija: la de alcanzar el poder y retenerlo por cualquier medio.

La segunda parte de la obra se ocupa del poder absoluto, que "corrompe a quienes lo ejercen y a quienes lo sufren". Madero empezaba por analizar teórica e históricamente el absolutismo, y con este material como apoyo volvía a la discusión del absolutismo en México. Atribuía el ascenso del poder absoluto en su propia nación a las luchas internas y a las invasiones extranjeras. Esta sección del libro termina con un balance de las realizaciones y errores del régimen de Díaz. Madero denunciaba que bajo el mando de Díaz se habían cometido graves daños e injusticias: la guerra contra los indios, el mal trato a los trabajadores, el descuido de la educación, la subordinación a los Estados Unidos y los esfuerzos inadecuados para estrechar los lazos con las hermanas repúblicas del Sur.

La tercera parte era considerada por Madero la más importante, y contenía su parecer sobre la inmediata sucesión política. Estaba convencido de que, a pesar de la entrevista Creelman, Díaz deseaba continuar en la presidencia, sin intención de modificar su política. Si nada se hacía, Díaz seleccionaría como vicepresidente a una persona que llenara sus requisitos más bien que los de la nación. Madero consideraba al vicepresidente Ramón Corral como la única, casi inevitable, elección de Díaz, ya que éste o el otro sobresaliente aspirante, general Bernardo Reyes, significarían, según Madero, una continuación del absolutismo, sin la moderación que acreditaba a Díaz. Tal prolongación del régimen de poder absoluto "sería fatal para nuestras instituciones y peligrosa para nuestra independencia". Madero propuso prevenir este hecho organizando a los independientes en un partido político democrático para las siguientes elecciones.

La tesis planteaba dos cuestiones: ¿Estaban los mexicanos preparados para la democracia? ¿Toleraría el gobierno la acción democrática? Por el hecho de que Díaz hubiera eliminado las divisiones del pueblo y por la creciente adhesión a la idea de que un gobierno de ley era deseable, Madero pensaba que sus conciudadanos eran aptos para la democracia, a la cual deseaba llegar mediante elecciones. Con respecto a la segunda cuestión, Madero admitía la opinión prevaleciente de que la administración pública no toleraría un movimiento político dirigido a convertir un régimen personalista en democrático. Sin embargo, con su optimismo característico, argumentaba que la nación organizada políticamente ganaría el respeto de sus derechos, y que cualquier concesión o victoria, ganada por procesos democráticos, sería duradera.

En conclusión, Madero lanzó un llamamiento para la formación de un Partido Antirreeleccionista basado en los principios de libertad, de sufragio libre y no reelección. Creía que el candidato que fuera elegido en la convención debería ser un miembro prominente de la administración pública, cuyos antecedentes indicaran que respetaría la Constitución. Madero esperaba que su tesis, destinada a demostrar que los independientes no eran guiados por la ambición personal, llevaría a Díaz a aceptar la libre designación de su sucesor.

El libro de Madero llegó a las manos del público a la vez que los sucesos políticos del día, y contribuyó mucho a la agitación y despertar del público. Esto puso a su autor, entonces poco conocido, en la más alta preeminencia nacional, haciéndole posible asumir el liderazgo del movimiento político de oposición.

CAPÍTULO III

El servilismo del general Bernardo Reyes

En el invierno de 1908, el inicio de la organización política fue la formación del Centro Organizador del Partido Democrático por un grupo de ciudadanos en la ciudad de México. El impulso inicial parecía venir de muchas personas que estaban asociadas al gobierno de Díaz. Sin embargo, la nueva organización incluía algunos seguidores del general Reyes, y también algunos independientes, como Francisco de P. Sentíes y Juan Sánchez Azcona. Debido a la presión de estos elementos, los dos objetivos del Centro emergieron gradualmente: la oposición a Ramón Corral como candidato para ser electo vicepresidente y la formación de un partido político activo y de principios.

Francisco I. Madero, en San Pedro, estaba muy preocupado por la noticia de la organización del nuevo partido. Para quien como él estaba ansioso de ver formado un partido nacional, aquello no le entusiasmaba. Sentía que la opinión pública no había sido estimulada lo suficiente para apoyar tal movimiento, y que sería falta de tacto empezar con una derrota.

El peligro que preveía era que los reyistas dominaran la escena, y también que "un partido que principia con esas inclinaciones no irá muy lejos". A pesar de la seguridad de Sentíes de que los independientes tenían el control del grupo, persistían los rumores de la creciente influencia reyista en el Partido Democrático. Mientras avisaba a sus amigos que "todo el mundo los considera reyistas" se empeñaba valientemente en orientar al Partido Democrático dentro de los canales que consideraba correctos. Finalmente, en una maniobra obviamente dirigida en contra del general Reyes, declaró que el candidato del partido debía ser un civil como evidencia de sus tendencias democráticas.

Sin pensar en la advertencia de Madero, el Partido Democrático tendía a favorecer a Bernardo Reyes para el cargo de vicepresidente. El general Reyes había servido larga y meritoriamente como militar y funcionario público; como eficiente y estricto gobernador había transformado a Nuevo León en uno de los Estados más prósperos y progresistas de la nación. El general Reyes tenía prestigio y era muy popular.

A pesar de la evidencia de brutalidad en la violenta represión de la oposición en Monterrey, el 2 de abril de 1903, el gobernador norteño, en contraste con Díaz, mantenía cierta apariencia de liberalismo y era la principal personalidad disponible para la oposición. Reyes era un reconocido enemigo de los *científicos*, grupo dominante del gobierno que rodeaba y sostenía a Corral, lo que era muy significativo para el Partido Democrático.

El programa del Partido Democrático fue elaborado en la Convención celebrada en el teatro Hidalgo en la Ciudad de México. Ese programa contenía ideas liberales como el resurgimiento de las autoridades municipales y supresión de los jefes políticos, ensanchar las facilidades para la educación primaria, cumplimiento efectivo de las leyes de Reforma y respeto de la vida y la libertad de los ciudadanos; pero no definía cómo realizar esos objetivos. Sobre los temas económicos del día, el nuevo partido establecía las prestaciones por accidentes de trabajo y leyes que protegerían la libertad del campesino, que mejorarían su condición económica y moral. Con su programa en mano y guiado por jefes talentosos, el Partido Democrático fue el primer partido nacional que tomara parte en elecciones municipales y que luchara con amplitud.

Francisco I. Madero observaba con interés el progreso del Partido Democrático. En un apéndice de la segunda edición de *La sucesión presidencial en 1910*, valorizaba el movimiento y sus miras. Mientras concedía que los jefes parecían bien intencionados, Madero creía que sus vínculos con la administración pública, sus inclinaciones reyistas y su obvia repugnancia de encarar la cuestión presidencial le impedirían obtener importantes resultados. Sin embargo, reconocía que el trabajo de aquel partido sería útil para despertar al pueblo.

Mientras que el general Reyes era cada vez más el favorito del Partido Democrático, también tenía el apoyo de otras personas que organizaban clubs, dirigían periódicos y enviaban oradores en giras de propaganda. El reyismo encontraba su apoyo entre los burócratas modestos, en el ejército y entre los elementos populares. Sin embargo, toda esta actividad era emprendida sin el estímulo público del presunto candidato. En realidad, el general Reyes había dicho en sus comentarios sobre la entrevista Creelman que "el bienestar de México requiere la continuación del general Díaz en la presidencia" y que el vicepresidente debería ser designado de acuerdo con sus deseos.

El 9 de febrero de 1909 el partido reeleccionista era organizado por un grupo que encabezaban José Limantour, Rosendo Pineda, los hermanos Macedo y otros jefes *científicos*. Este elemento dominante en el gobierno tuvo su origen en un grupo de jóvenes intelectuales reunidos por Romero Rubio, suegro de Díaz, y por Pineda, hacía casi veinte años. Éstos no solamente presumían en presentar al dictador con un programa, sino que protegían el desarrollo de un partido político que llevaría a México a un futuro más democrático. Insistían en que los procedimientos seguidos por el gobierno eran los principios de la ciencia económica y política, y se presentaban a sí mismos como científicos. Su continua alusión a la ciencia dio lugar a que el grupo fuese llamado "los científicos".

José Limantour, secretario de Hacienda, era el hombre clave del grupo del gobierno, y después de la muerte de Romero Rubio, en 1895, su jefe. Limantour encontró su senda y la de los científicos, a quienes el general Reyes se oponía y bloqueaba Joaquín Baranda, viejo liberal y ministro de Justicia e Instrucción Pública. Porfirio Díaz todavía predominaba y lanzaba hábilmente un grupo contra otro. Los científicos limitaban sus esfuerzos a bloquear a cualquier nuevo dictador militar, especialmente a Reyes, y asegurar a su círculo la herencia constitucional del poder del anciano dictador. Baranda fue obligado a dimitir del gabinete. En diciembre de 1902, el general Reyes renunciaba a su cartera y regresaba como gobernador a Nuevo León. La caída de Baranda y de Reyes era una victoria para los científicos y marcaba el punto de partida de su fortuna. En 1904, el cargo de vicepresidente fue restablecido a instancias de Limantour y de los científicos, quienes se preocupaban por la sucesión de Díaz, ya de setenta y cuatro años de edad. El Presidente seleccionó como su compañero de gobierno al Ministro del Interior, Ramón Corral. El antiguo traficante de esclavos yaquis y gobernador de Sonora era grato a los influyentes científicos.

La debilidad de don Porfirio permitía al grupo de Limantour conseguir el control de la nación. Mantenedores del *statu quo* y designándose como herederos del manto de Díaz, los científicos se precipitaban a la defensa política del régimen, formando el Partido Reeleccionista. La Convención de este partido se abrió el 25 de marzo de 1909, y una semana más tarde la Convención había proclamado las candidaturas de Díaz y de Corral.

El Círculo Nacional Porfirista, grupo compuesto de amigos personales del dictador, era el otro partido gubernamental. Este partido, aunque molesto por la designación de Corral, seguía dócilmente la plataforma reeleccionista. Oradores reeleccionistas fueron enviados en giras de propaganda. Sin embargo, en Morelia, Guanajuato y Guadalajara fracasaron.

Porfirio Díaz se movía para debilitar al Partido Democrático, forzando al personal del gobierno a romper con la organización. Los propagandistas de la campaña de oposición encontraron numerosos obstáculos, y el garrote porfiriano aporreaba a los reyistas; una docena de oficiales del ejército fueron confinados a lugares remotos, los diputados Jesús Urueta y Lerdo de Tejada, hijo, fueron privados de sus curules en la Cámara, y el senador José López Portillo y Rojas fue arrojado del Senado y arrestado.

Bajo esta presión los reyistas empezaron a demandar al gobernador que aceptara abiertamente las funciones de candidato y asumiera la jefatura de su partido. El militar vacilaba. A fines de julio, el general Reyes anunciaba que como sostenedor del general Díaz transfería su candidatura a Corral, y pedía a sus amigos a hacer lo mismo. Como esto era un golpe descorazonante para los reyistas, éstos rehusaban aceptar la declaración como algo definitivo, y no abandonaron completamente su tarea.

El Presidente Díaz todavía consideraba al reyismo una amenaza y maniobraba con su característica energía para neutralizar al recalcitrante caudillo. Reyes fue privado del mando de las fuerzas militares en su Estado y esas tropas fueron puestas bajo el mando de su enemigo personal, general Jerónimo Treviño. El doctor Vázquez Gómez visitó a Reyes en Monterrey para pedirle de nuevo que aceptara la candidatura. Mostró al general un telegrama del Comité Central reyista en que le decían que era esencial que no rehusara. Reyes replicaba que ya había telegrafiado a Díaz diciéndole que no aceptaría la candidatura para no obstaculizar el desarrollo de su política. A principios de noviembre, después de una entrevista con Díaz, Reyes renunció a la gubernatura de Nuevo León y aceptó la designación para hacer cierto estudio militar en Europa, lo que era prácticamente una orden de destierro.

Su retirada dejaba el campo libre a Francisco I. Madero. La organización política de Madero crecía a medida que el reyismo se desintegraba. Para los independientes y para muchos reyistas, abandonados por su caudillo, el movimiento maderista era la salvación. Por cerrarle la puerta a Reyes, a quien temía, Porfirio

Díaz le abría la puerta a Madero, a quien al principio miraba con desdén.

En los primeros meses de 1909, Madero empleó su prodigiosa energía poniendo los cimientos de la campaña política nacional. Por medio de su libro, que distribuía tan ampliamente como podía, por su periódico *El Demócrata* y por contactos personales y cartas, buscaba ganar adeptos.

Madero también participó en la contienda local de su propio Estado, Coahuila. Organizó centros políticos —el primer centro antirreeleccionista fue organizado en San Pedro— y empezó de nuevo a publicar su periódico. Venustiano Carranza, senador de la República, con inclinaciones reyistas, había sido nombrado gobernador provisional para reemplazar a Miguel Cárdenas, que había perdido el favor oficial. Cuando Díaz retiró la promesa de apoyar la candidatura de Carranza para gobernador constitucional, éste optó por permanecer en la lucha y aceptar la designación ofrecida por una convención independiente celebrada en Saltillo. Madero, a quien Carranza aseguró que estaba de acuerdo con los principios de los independientes, aprobó la decisión y se preparó para luchar.

En la ciudad de México, Madero conferenció con varias personas para iniciar el movimiento nacional. Sin embargo, la campaña en Coahuila le impidió estar mucho tiempo en la capital en los primeros meses de 1909. En mayo asistió a una serie de reuniones celebradas en la casa de Alfredo Robles Domínguez, en la ciudad de México. Anteriormente se había acordado mantener el principio de "No reelección" y tomar el nombre de Centro Antirreeleccionista. El grupo prefería la denominación de "centro" porque hubiera parecido pretencioso en ese estado de la organización llamarlo partido. En la primera sesión oficial, Madero y el anfitrión, Robles Domínguez, presentaron cada uno un programa. Ninguno insistió en que el suyo fuese aceptado. Después de la lectura de los dos documentos, fue aprobado para su estudio el de Madero.

Días después, el 2 de mayo, el Centro fue formalmente constituido con la designación de su Junta directiva y la declaración de su programa. Los firmantes declaraban que se habían reunido para pelear por los principios democráticos de "sufragio efectivo y no reelección". Para conseguir la "gradual realización" de estos principios, planeaban incitar al pueblo a ejercer sus derechos, promover convenciones para discutir candidatos y publicaciones, organizar un partido antirreeleccionista en toda la nación y movilizar a todos los ciudadanos para participar en la campaña electoral. La declaración concluía con un gesto de buena voluntad para cooperar con otros grupos independientes, obviamente dirigido a las organizaciones reyistas y democráticas.

El Centro Antirreeleccionista proyectaba emprender una campaña basada en el libro de Madero, dirigida a despertar y organizar al pueblo mexicano para la acción política. Sin embargo, el movimiento empezaba despacio, en una atmósfera saturada de reyismo.

Otra fuente de dificultades fue una corriente subterránea de oposición contra Emilio Vázquez Gómez, presidente del Centro. Unos pocos meses antes había propuesto que los candidatos para la próxima elección serían el general Díaz y Treviño. El desaliento y el miedo aminoraban la asistencia a las reuniones, algunas de las cuales no pudieron celebrarse por falta de gente.

En junio el Centro empezó a desplegar gran actividad. El grupo, iniciado el 6 de junio, empezó a publicar el semanario *El Antirreeleccionista,* bajo la dirección de José Vasconcelos. A través de este periódico, el Centro Antirreeleccionista se esforzaba por exponer sus principios, levantar el espíritu público y atacar a Corral y a Reyes. Madero, que apoyaba financieramente el periódico, creía que *El Anterreeleccionista* serviría como un "formidable ariete demoledor contra nuestros enemigos. Si ganamos, seguirá siendo como una voz de advertencia para recordarnos nuestros deberes con el pueblo".

Sin embargo, mientras el éxito sonrió a Reyes y mientras el periódico fue semanal, su circulación era escasa y su influencia insignificante. El 15 de junio el Centro lanzó un manifiesto en el que los conceptos de *La sucesión presidencial en 1910* estaban compendiados. Tres días después, Madero inició su gira política por el sudeste del país.

CAPÍTULO IV

El apóstol de la democracia y del pueblo

El 18 de junio de 1909, Madero, acompañado de su esposa, quien temía por su seguridad, y Félix Palavicini tomaban el tren de la ciudad de México a Veracruz. Madero proyectaba exponer durante su viaje los temas de su libro, particularmente el antirreeleccionismo como un medio de combatir la dictadura. En Orizaba fueron saludados apenas por algunos partidarios, pero en Veracruz les dieron una gran bienvenida. Dos mil personas se congregaron para recibirlos, y el periódico local independiente exaltadamente anotaba que "pocas veces hemos atestiguado una demostración tan espontánea".

El domingo por la mañana, 20 de junio, hubo una reunión en el teatro Dehesa. Madero, poco experimentado para hablar en público y falto de dotes oratorias, fracasó ante sus oyentes. Algunas personas que asistieron a la reunión aun dudaban de que el orador pudiera ser el autor de *La sucesión presidencial de 1910*. Un poco nerviosos, pero firmes, los viajeros fundaron un club antirreeleccionista en aquella ciudad y navegaron en un barco hacia Progreso. Sólo seis personas, incluyendo a Pino Suárez, los recibieron en el muelle.

Allí fue el primer encuentro de Madero y José María Pino Suárez, quien era un abogado muy conocido en la zona de Yucatán, que había emprendido una vigorosa campaña independiente en su Estado en 1905. La campaña fue sofocada, obligándole a huir a Tabasco; pero el cambio de condiciones y el resurgimiento de las actividades políticas apresuraron su regreso a Yucatán. Empezó por publicar un periódico, *El Peninsular*, en el que atacaba al gobierno local. Entonces el libro de Madero lo convirtió en un partidario del autor. Vino a ser la cabeza del movimiento antirreeleccionista en la península, se dedicó a organizar a los independientes y fundó clubs en Tabasco, Campeche y Yucatán.

En la península de Yucatán fue donde los viajeros tuvieron más éxito. Madero y Palavicini invitaron al pueblo de Mérida a unirse a la vanguardia de luchadores por la regeneración nacional y por el Partido Antirreeleccionista. Miles de personas asistieron al mitin de dos horas al aire libre, bajo un sol tropical, para escuchar atentamente a los oradores. Al día siguiente los viajeros visitaron Campeche. Incapaces de reunir suficientes simpatizadores para establecer un club, los delegados de la capital convocaron una reunión aquella noche en un anfiteatro. Muchos curiosos asistieron, pero la recepción para los visitantes se caracterizó por la desconfianza y los pocos aplausos.

A causa de los obstáculos creados por las autoridades y el temor de sus amigos locales, los viajeros no pudieron lograr mucho en Tampico. Continuaron hacia Monterrey, en donde el pueblo les hizo una cálida recepción. Esta vez el éxito dio a Madero la mayor satisfacción tenida durante esa primera gira.

Al día siguiente de la visita a Monterrey regresó a Parras. Varias reuniones se celebraron allí y en Torreón en los dos domingos siguientes. Las juntas de Torreón coincidían con los trabajos que efectuaban los corralistas y los reyistas en la misma comunidad. Una inmensa multitud en el teatro Herrera escuchaba cómo Madero atacaba a Reyes, distinguiendo entre el caudillo y sus seguidores.

A principios de agosto, cuando había una desilusión creciente entre los simpatizantes del general Reyes debido a su indecisión, Madero expidió un manifiesto dirigido a los reyistas de "buena fe" instándolos a unirse al movimiento antirreeleccionista. Esperaba que el reyismo desaparecería o perdería su fuerza en pocos meses. Previendo que la presión oficial se volvería en contra de los antirreeleccionistas, Madero urgía para que se intensificaran los esfuerzos, con el fin de ganar adhesiones y una perfecta organización antes de que esa eventualidad se materializara. Con el decaimiento del reyismo, el movimiento antirreeleccionista avanzaba considerablemente en el Oeste y en el Norte. No fue ésa la única señal de estímulo ese verano. Madero pudo observar con satisfacción la recepción hostil hecha a los reeleccionistas en Guadalajara.

En vista de estos acontecimientos, Madero y sus asociados acordaron que era imperativo que *El Antirreeleccionista* se convirtiera en un diario. El proyecto se retardaba por la escasez de fondos, así que Francisco buscó la ayuda de su familia.

Gustavo Madero, miembro de la directiva del club de Monterrey y entusiasta simpatizante del movimiento dirigido por su hermano, contribuyó personalmente con mil pesos y consiguió dos mil quinientos más para el periódico del partido. Las hermanas, Mercedes y Ángela, contribuyeron a mantener el periódico. Para el mes de septiembre había disponibles suficientes fondos para publicar diariamente *El Antirreeleccionista,* y Félix Palavicini fue nombrado director.

En el verano de 1909, Madero, además de asistir a las reuniones y organizar clubs en su propio Estado y en los vecinos, procuró atraer el apoyo de importantes personalidades. En el mes de agosto limitó sus actividades por motivo de enfermedad; sin embargo, sus esfuerzos fueron admirables. La fe de Madero y la determinación para luchar en cualquier circunstancia constituían sus más significativas características. Sufriendo de un cólico hepático complicado por una fiebre alta, se vio forzado a permanecer en cama casi un mes. Una gira política proyectada a los Estados del Oeste tuvo que ser pospuesta, y a fines de septiembre Madero salió hacia Tehuacán para convalecer con la ayuda de los baños termales de aquel lugar. En la ruta se detuvo en la capital para conferenciar con algunos asociados, con el objeto de tomar medidas para obtener la libertad de varios correligionarios que habían sido arrestados. Tal como Madero lo había previsto, la decadencia del reyismo y el fortalecimiento del movimiento antirreeleccionista dio como resultado que se concentrara la persecución en sus partidarios. Los clubs locales eran hostilizados y atacados.

Madero permaneció cinco semanas en Tehuacán y se recuperó. La intensa oposición de las autoridades lo impulsaron a escribir una carta a Limantour. Le llamaba la atención sobre la presión y persecución que era dirigida en contra de sus amigos, y preveía las malas consecuencias si el reinado del terror seguía.

Para Madero era imposible retroceder. Muchos de sus compañeros estaban nerviosos por la presión de las autoridades y había que animarlos y restablecer su confianza. José Vasconcelos le escribió que si no estaban preparando una rebelión renunciaba, porque "no deseo ser una víctima del movimiento democrático dirigido en contra de rufianes". Obligado a huir de la policía, el joven intelectual y periodista estaba desanimado por la indiferencia popular a esos ataques y por las perspectivas del movimiento antirrelеccionista.

Madero no se sorprendió por la actitud de Vasconcelos. Hizo infructuosos esfuerzos para hablar con él en la Ciudad de México y luego le escribió desde Tehuacán. El jefe antirreeleccionista no negaba la posibilidad de una revolución.

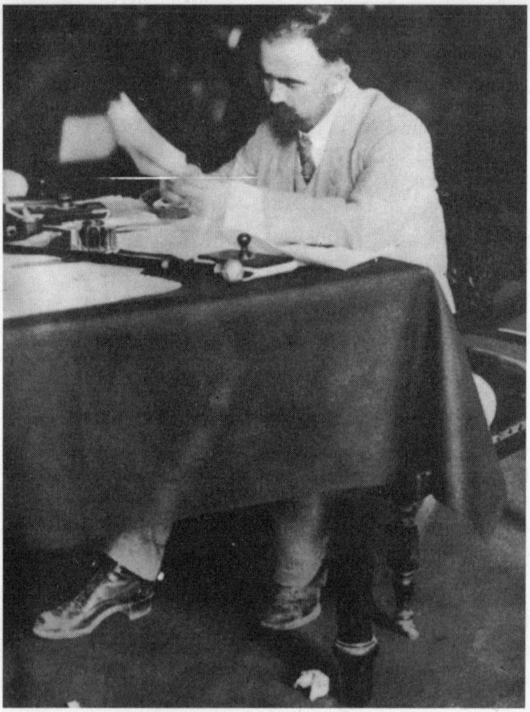

Madero escribiendo cartas.

En una reunión en el teatro Tívoli de la capital, a la que asistieron mil quinientas personas el día 19 de diciembre, Madero inauguró su segunda gira política, esta vez hacia el Oeste y el Norte: gira pospuesta a causa de la enfermedad que sufrió en septiembre. La comitiva de viaje salió de Querétaro en tren. Allí, a pesar de la ausencia de oposición oficial, sólo unos pocos asistieron a la reunión antirreeleccionista. Después de instalar un club, Madero y sus compañeros partieron para Guadalajara, capital de Jalisco, adonde llegaron el 25 de diciembre.

Casi cinco mil personas vitorearon a los viajeros. Desde el balcón del Hotel Francés, Madero anunció que un mitin se celebraría en una taberna la tarde siguiente. Cuando una de las autoridades locales, en nombre del gobernador, rehusó dar el permiso para la junta, Madero y Roque Estrada se dirigieron a la multitud desde el balcón del hotel. Hubo una reacción popular muy favorable ante esta demostración de valor.

En Colima, las autoridades obligaron a los antirreeleccionistas a celebrar su reunión en las afueras de la ciudad, cerca del lecho de un río seco, y enviaron policía montada para amedrentar a la concurrencia. Sin embargo, mil personas se reunieron para escuchar a los oradores y se instaló un club. El último día del mes de diciembre, Madero y su grupo se embarcaron en Manzanillo hacia Mazatlán, adonde llegaron el 2 de enero de 1910. Una comisión encabezada por el periodista Heriberto Frías recibió a los viajeros y quinientas personas los aplaudían.

En Mazatlán el pueblo estaba excitado. Dos mil personas asistieron a un mitin que se celebró sin dificultad, pero aun esta respuesta popular no disipó el escepticismo de los directores locales de la oposición. Continuando la gira por Sinaloa, Madero y sus compañeros visitaron Culiacán, donde los recibió una multitud entusiasta. Manuel Bonilla, quien llegó a ser director del club local, escribió sus impresiones de la reunión. Sus agudas observaciones revelaban de manera penetrante las razones del creciente prestigio de Madero. Observaba que los discursos de Madero no provocaban tanta admiración como los de Estrada "porque no usaba frases brillantes. Sin embargo, oyéndolo decir tantas verdades... con aquel acento de profunda convicción, que ponía de manifiesto el sereno y tranquilo valor que lo caracterizaba, era evidente que aquel hombre encarnaba al verdadero apóstol".

Al entrar los viajeros en Sonora, el dominio de Corral, del general Torres y del gobernador Izábal, la presión del gobierno aumentó. En Navojoa, un funcionario local creó dificultades, pero permitió finalmente una concentración que tuvo lugar en la plaza central. Había en el auditorio unos pocos yaquis cuando emocionadamente Madero habló del cruel trato dado a los indios por el gobierno. El orador reveló su profunda emoción hasta derramar lágrimas y comunicó sus sentimientos a los oyentes.

En Alamos la oposición oficial forzó a los antirreleccionistas a recurrir a disfrazar el mitin político con la apariencia de un baile. Los viajeros entonces se dirigieron en tren a Guaymas. Allí José María Maytorena encabezaba el grupo que los recibió en la estación. Las autoridades locales concedieron el permiso de celebrar una reunión, pero hicieron objeciones en cuanto a los lugares propuestos para ella. Como la hora de la sesión se acercaba, la multitud se reunió cerca del hotel de los visitantes, a pesar de los esfuerzos de la policía. Finalmente Madero decidió celebrar la sesión en la playa, pero las autoridades rehusaron el permiso. Sin vacilación alguna, Madero se dirigió a la multitud desde un coche. Estrada se sorprendió de ver a un nuevo Madero, uno que él ignoraba que existiera. En esta álgida situación, Madero estuvo decisivo y corajudo y sus palabras parecían fluir más fácilmente y sus conceptos eran más claros.

La oposición oficial fue más intensa en Hermosillo, capital de Sonora. Ningún hotel importante se atrevió a admitir a los viajeros. Ningún impresor quiso preparar el anuncio del mitin, que cuando se celebraba fue perturbado por un bullicioso estrépito, promovido por el gobierno. Un simpatizador local invitó al matrimonio Madero a pasar la noche en su casa, porque no consideró ni propio ni prudente que permaneciera en un hotel de baja categoría. Estrada se maravillaba de la impresionante energía y carácter de la esposa de Madero en esa situación desagradable. Doña Sara Pérez de Madero se reveló "tranquila, orgullosa y ansiosa de compartir los peligros".

Hubo rumores de que un atentado en contra de Madero se efectuaría en Cananea, por esto los viajeros decidieron no visitar ese pueblo y abandonaron el territorio nacional vía Nogales. Después de recorrer Arizona y Texas, entraron a México por Ciudad Juárez, donde Abraham González los recibió y los acompañó a Chihuahua. Una reunión de gran éxito tuvo lugar en un teatro de la capital de ese Estado. La última etapa de esta gira de Madero en Chihuahua fue en Parral. El entusiasmo era tan grande allí que los comerciantes del pueblo declararon el día de la reunión día libre. Entonces Madero regresó a San Pedro, después de hablar a una multitud en Torreón.

Por este tiempo, la campaña de la prensa antirreeleccionista se intensificaba: *El Antirreeleccionista* se publicaba de nuevo, *El Constitucional* se había establecido en la capital y *El México Nuevo* apoyaba la causa abiertamente. Muchos clubs se habían organizado y los resultados de la gira de Madero podían medirse por el incremento de la excitación política y por el aumento de la fuerza y prestigio del partido antirreeleccionista. Los clubs locales de ese partido, estimulados por el centro de la capital, discutían candidatos para la convención proyectada. Aunque se mencionaba a muchas personas, tanto para la presidencia como para la vicepresidencia, Madero era claramente el preferido del pueblo para encabezar la lista de candidatos. La opinión parecía dividida entre Toribio Esquivel Obregón y Francisco Vázquez Gómez para la vicepresidencia.

El mérito de ser el primero en patrocinar la candidatura de Madero pertenece al club antirreeleccionista de Chihuahua, "Benito Juárez". Abraham González, presidente del club, manifestó que le gustaría una indicación de Madero sobre el vicepresidente que él prefiriera. Fue por sugerencia de Madero como los antirreeleccionistas de Chihuahua anunciaron su apoyo a Vázquez Gómez para la designación como vicepresidente.

El doctor Vázquez Gómez, médico distinguido, con un vivo interés por la educación, había sido médico de cabecera de Porfirio Díaz. Su única actividad política directa había sido la participación que tuvo en el movimiento reyista de 1909. A principios de 1910, Madero visitó al doctor para instarlo a afiliarse al movimiento antirreeleccionista. Sugería que una persona de prestigio y amistosamente relacionada con el gobierno, como el doctor, podía en el momento preciso servir como intermediario entre el gobierno y la oposición. Aunque la remota posibilidad de un arreglo después de la Convención no estaba descartada, Madero no veía con agrado la idea de ese arreglo con el gobierno y estaba influido por otras consideraciones a auspiciar la candidatura del doctor. La reputación de Vázquez Gómez se sumaría a la grandeza del movimiento y tendería a borrar las sospechas de que su propósito final era la Revolución. Por último, Madero preveía que la candidatura del doctor serviría para atraer reyistas.

Madero estaba ansioso de cristalizar el sentimiento popular y de atraer las adhesiones de los independientes (especialmente reyistas) antes de la Convención. En marzo de 1910 publicó un folleto titulado *El Partido Nacional Antirreeleccionista y la próxima lucha electoral,* en que exponía el programa, los trabajos, las tendencias y fines de su partido. Una vez más Madero revelaba su plan: establecer definidamente las prácticas democráticas, para que el pueblo tuviera los medios de que fuera conocida su voluntad, así como las medidas de la acción efectiva. Mientras que afirmaba que el Partido Antirreeleccionista era dirigido a popularizar las prácticas democráticas y a demostrar la necesidad de establecer los principios de "sufragio efectivo y no reelección", Madero prometió que su partido no estaría satisfecho con estos objetivos políticos. Ellos son "sólo los medios que el Partido Antirreeleccionista desea emplear para la realización de objetivos mucho más trascendentales".

A fines de marzo, estando la apertura de la Convención a menos de un mes de distancia, Madero reanudaba su segunda gira política viajando por las regiones mineras de Durango, Zacatecas, San Luis Potosí y Guanajuato. Nada pudieron hacer los viajeros en Zacatecas, a causa de la oposición del gobernador, pero en Aguascalientes más de cuatro mil personas les dieron la bienvenida en la estación y casi el doble asistieron a un mitin político. En San Luis Potosí y Guanajuato los antirreeleccionistas tropezaron con mayor oposición todavía por parte de las autoridades. En la capital de ese último Estado, el doctor Rafael Cepeda había sido detenido por repartir tarjetas invitando al público a dar la bienvenida a los viajeros en la estación del ferrocarril. Aunque se obtuvo su libertad al día siguiente, sólo quinientas personas asistieron al mitin en el bulevar frente a la penitenciaría. En León (Guanajuato), Madero y Estrada conferenciaron con Esquivel Obregón, quien, considerando que la situación en el Estado era desfavorable, no estaba dispuesto a ayudar a los visitantes. Tras vencer muchas dificultades, Madero consiguió celebrar un mitin en la Plaza del Gallo, con la asistencia de casi mil personas.

Madero y su comitiva llegaron a la ciudad de Guanajuato el 2 de abril. Una multitud entusiasta los esperaba en la estación, y alrededor de tres mil personas asistieron a la reunión celebrada allí. La visita a Guanajuato completó la última etapa de la segunda gira de Madero. Sus giras políticas encaminadas a propagar el evangelio de la democracia entre el pueblo mexicano se reanudarían después de la Convención antirreeleccionista.

Madero estaba ansioso de que la convocatoria de la Convención se hiciera pronto, para permitir a la prensa discutir los candidatos y para que los centros políticos locales los nombraran. Consecuente con sus sentimientos democráticos, estaba decidido a evitar que la designación fuera hecha por el Centro Antirreeleccionista. Creía que la fecha para la celebración de la Convención levantaría los ánimos a los desilusionados y acobardados después de la ola de persecuciones. La atención pública se enfocaría en el movimiento, haciendo más difícil para el gobierno tratar de evitar la Convención. De acuerdo con eso, la convocatoria de la Convención antirreeleccionista, que estaba señalada para el 15 de diciembre, se hizo para el 15 de abril de 1910.

Al lanzarse la convocatoria, Madero ya había modificado su criterio acerca de un arreglo con Porfirio Díaz. La evidencia acentuada de que la administración Díaz no haría concesiones, lo llevaba a la conclusión de que "no nos comprometeremos antes de la Convención, ni creo que lo haremos después". Escribió a Vasconcelos que "no elegiremos como candidatos al general Díaz, ni a Corral, ni a ninguno de los miembros del gobierno".

Madero deseaba formar un bloque con los partidos independientes para dar a la Convención una buena base. Trabajaba duro para ganar la cooperación del Partido Democrático y sus subsidiarios, el Partido Independiente de Jalisco y el Partido Democrático Nacionalista. Las tres organizaciones fueron invitadas a la Convención, pero sólo aceptó el Partido Democrático Nacionalista.

Los delegados a la Convención empezaron a llegar a la Ciudad de México el 13 de abril, aunque algunos fueran arrestados antes de ponerse en marcha y otros en el camino. Cuando parecía seguro que la Convención procedería como se había anunciado, el gobierno decidió crear obstáculos legales contra la candidatura de Madero, consistentes en una maniobra teatral que se haría el día de la apertura de la Convención.

El gobierno recurrió a la vieja técnica de convertir una acción civil en un procedimiento criminal. Por algunos meses los científicos presionaban económica y legalmente a la familia Madero en relación con una propiedad en disputa en Coahuila. A principios del mes de abril, con la demanda civil pendiente en Parras, una acusación por robo en contra de Madero se hizo en un tribunal de Saltillo. Una orden de aprehensión fue dictada por un juez de Saltillo el 14 de abril, el mismo día que la Corte de Parras decidía en favor de Madero la demanda civil. Madero, avisado de la orden de arresto, se escondió en la casa de Federico González Garza, situada cerca del sitio en que se celebraría la Convención. A causa de la incongruencia de proceder criminalmente después que Madero había ganado la acción civil, y porque la propiedad estaba registrada a nombre de su padre, el gobierno canceló la orden de arresto el 15 de abril, el mismo día que la prensa capitalina publicaba la noticia de la orden de prisión pendiente.

Aquella mañana, ciento veinte delegados asistían a la apertura de la Convención Nacional Independiente en el salón principal del Tívoli de Elíseo. En la primera sesión, los delegados nombraron una junta directiva, acordaron las reglas de procedimientos y leyeron una carta de Madero en la que pedía que todos los delegados que tenían instrucciones de votar por él procedieran libremente como la situación y su conciencia les dictara; también pedía que se nombrara un comité para elaborar un programa general.

El Comité se reunía en la casa de González Garza porque estaba cerca del salón de la Convención y porque allí se escondía Madero. Con su colaboración hizo una declaración de principios que incluían: el restablecimiento de la vigencia de la Constitución, reforma de ésta, prescribiendo la no reelección; leyes para mejorar las condiciones de los trabajadores y para combatir los monopolios, el alcoholismo y los juegos prohibidos; el mejoramiento de la instrucción pública; establecer sistemas de irrigación e instituciones de crédito para beneficio de la agricultura, la industria y el comercio; reforma de la ley electoral para garantizar el sufragio efectivo; establecimiento de la autonomía de los municipios, derogando las jefaturas políticas, e incremento de las buenas relaciones con los países extranjeros, especialmente con los latinoamericanos.

Este programa fue presentado y aprobado en la sesión de la tarde después de que los delegados hubieron discutido a los candidatos y de votar por la candidatura presidencial. Francisco I. Madero ganó esta designación con un amplio margen sobre Fernando Iglesias Calderón y Toribio Esquivel Obregón.

En la sesión del día siguiente por la mañana, los candidatos para vicepresidente fueron discutidos. Madero consideraba la elección de su compañero como una cosa urgente y vital. Aquella tarde el doctor Francisco Vázquez Gómez ganaba el segundo lugar con una clara mayoría sobre los otros tres.

En la tarde del día 16 ocurrió un hecho muy importante. Por los esfuerzos del gobernador Dehesa, de Veracruz, se arregló una entrevista entre Madero y Porfirio Díaz. Dehesa solamente presentó a los personajes y salió después, siendo así imposible el relato de la entrevista por una tercera persona. Sin embargo, por la correspondencia de Madero y por las referencias de segunda mano de sus amigos y otros comentaristas, los propósitos y las impresiones de Madero podían deducirse. La entrevista de Díaz y Madero en la residencia de aquél duró casi una hora. Madero concurrió a ella con la intención de un arreglo. Si Díaz se comprometía a garantizar los procedimientos democráticos y a restablecer el régimen constitucional, Madero estaba dispuesto a retirar su candidatura. De todas maneras, esperaba que la entrevista aclararía la atmósfera y serviría "para establecer amistosas y útiles relaciones entre ambas partes".

Madero discutió con Díaz la situación política y no se intimidó por ninguna alusión insultante o autoritaria de éste, que estimando poco a su oponente no mostró ninguna inclinación a modificar su política. Madero se asombró al ver la decrepitud del dictador y su falta de información acerca del movimiento antirreeleccionista. La entrevista marcó el segundo cambio que tuvo en su actitud Madero. Convencido de que Porfirio Díaz estaba resuelto a perpetuarse por cualquier medio, creía que sólo por la revolución se podía conquistar la libertad. Después de regresar a su escondite, anunció su cambio de actitud: "Porfirio no es gallo. Sin embargo, habrá que iniciar la Revolución para derrocarlo. Pero después ¿quién la detendrá?"

El 17 de abril, Madero y Vázquez Gómez aceptaron sus designaciones respectivas de candidatos. La Convención fue el clarín que dio el toque de llamada. El entusiasmo nacional aumentó.

Una fuente de satisfacción personal para Madero fue el cambio de actitud de su familia. Ángela le escribió: "Tienes la bendición de mamá y de papá y las oraciones de tus hermanos y hermanas". Y le informó con exactitud de la nueva disposición de los padres. El padre de Madero, terminado el litigio de Coahuila, se enorgullecía y entusiasmaba por el triunfo logrado en la asamblea, y le escribió a ese respecto que "estamos maravillados del éxito de la Convención".

La reacción popular favorable ante la Convención produjo una campaña intensa de parte de la prensa gubernativa. Mientras que los directores del partido de la oposición estaban ansiosos de aprovechar la ventaja que ofrecía la excitación pública, se discutió la cuestión de que si era prudente que los candidatos hicieran una gira de propaganda, en vista de la amenazadora actitud del gobierno. Después de una larga discusión, la mayoría de la Junta Electoral acordó que Madero viajara, mientras que el doctor Vázquez Gómez permanecería en la capital.

El 5 de mayo la Junta dispuso hacer una gran manifestación en honor de los candidatos. Siete mil personas se reunieron ante la casa de Madero, en la calle Berlín. El itinerario de Madero fue trazado de manera que le permitiera una segunda visita a Guadalajara, seguida por un recorrido por las regiones industriales de Puebla, Tlaxcala y Veracruz.

En Guadalajara, diez mil personas recibieron al candidato con vítores y aplausos. El 14 de mayo, el grupo de siete viajeros partió de la capital de Jalisco para Puebla. La grandiosa recepción que aquí se les hizo les dio la impresión de que marchaban triunfalmente. Veinticinco mil personas delirantes los recibieron en la estación y una ininterrumpida lluvia de flores descendía de los balcones en la ruta que seguían por la ciudad. Madero habló en Puebla muchas veces a petición del pueblo, y permaneció allí todo el día 16.

La recepción en Jalapa, en la plaza principal, fue también entusiasta; pero en Veracruz fue un poco fría.

Se hicieron paradas cortas del tren en las estaciones de Atoyac, Córdoba y Fortín. En la última parada, que fue en el lugar llamado la Ciudad de las Flores, el centro político local había decorado la estación con gardenias. El tren llegó a Orizaba a las diez de la mañana del 20 de mayo. Veinte mil antirreeleccionistas dieron la bienvenida a su candidato. Desde el balcón del Hotel de Francia se dirigió a una multitud de cerca de quince mil personas, con un discurso que revelaba su fe en las reformas políticas, sin descuidar otros problemas.

La respuesta a los esfuerzos antirreeleccionistas era halagadora, pero la consecuencia, en forma de persecución, fue alarmante. Después de su regreso a la capital, Madero escribió a Díaz una carta en la que se quejaba de que mientras sus derechos políticos habían sido respetados, los de sus simpatizantes habían sido violados. Comunicaba al dictador que había incitado a sus partidarios a trabajar dentro de la ley, y tramitar sus protestas contra las violaciones de sus derechos por los caminos legales. Sin embargo, le advertía que si la persecución continuaba, no sería capaz de contener a sus seguidores. En ese caso la responsabilidad recaería solamente sobre las autoridades, que provocaban tales reacciones.

Si el gobierno necesitaba más evidencia del progreso del movimiento de oposición, la manifestación organizada por la prensa independiente en la ciudad de México en honor de los candidatos era bastante. A las once de la mañana, una columna compacta compuesta de partidarios, portando estandartes de los centros políticos y de los periódicos, marchaba por las calles llenas de multitudes aclamadoras hasta el frente del Palacio Nacional. En la calle de Balderas más de treinta mil personas demostraron, ordenadamente, su apoyo a los candidatos independientes.

Las giras políticas de Francisco I. Madero le ganaron el título de "apóstol de la democracia". Madero encarnaba, o parecía encarnar, al caudillo y al símbolo del pueblo, al que estaba ayudando a despertar. Su cruzada democrática tenía la gran virtud de preparar al pueblo mexicano para seguirlo primero a él y después a otros, en lo que llegó a ser una revolución social. Un observador, que a menudo criticó a Madero, alabó esta fase de su carrera: "Madero, el apóstol, es simplemente magnífico, enorme, indiscutible y sublime. Guía de la conciencia popular, que él despertó del letargo de treinta años, merece gratitud".

En la noche del 3 de junio se reunieron varios amigos en la estación del Ferrocarril Nacional para ver partir a Madero, su esposa, su secretario y Roque Estrada, en su cuarta y última gira de propaganda. En el carro que iba detrás del *pullman* de Madero en el tren del Norte, iba Juan R. Orcí, agente de Corral, comisionado para seguir a los viajeros.

El candidato era saludado con entusiasmo en cada estación donde el tren paraba. En San Luis Potosí se dirigió a la multitud desde el tren. En Saltillo mil personas aplaudieron a Madero en la estación, y parecía como que se les unía toda la población en el trayecto hacia el Hotel Coahuila. Aquí Madero decidió dirigirse a la multitud desde la terraza del hotel, pero un inspector de policía le ordenó que desistiera. Una discusión violenta se suscitó mientras la policía montada contenía a la multitud. Una nota simpática se produjo en la pesada atmósfera cuando Madero y Estrada se alternaban pronunciando los discursos, y fue que el oficial de la policía que había discutido con ellos quedó conquistado para la causa maderista.

Los viajeros llegaron a Monterrey el 15 de junio. A pesar de los esfuerzos de las autoridades, la recepción fue impresionante. Cerca de mil quinientos de los diez mil manifestantes lograron romper el cerco de la policía y reunirse cerca de su casa. Oyeron a Madero atacar duramente la conducta de los agentes de la autoridad. Estrada también criticó la situación política imperante, pero fue callado por un oficial de policía.

Cerca de las 8:30 de la noche siguiente, cuando Madero y Estrada subían al automóvil que los llevaría a la estación, un grupo de civiles paró el coche y exigió la entrega de Estrada.

Madero, rehusando someterse a hombres sin uniforme, discutió con ellos, mientras que su compañero escapaba, ocultándose en la casa. El candidato prosiguió a la estación, donde abordó un tren para Ciudad Victoria. El tren fue detenido mientras los oficiales buscaban a Estrada. Cuando se dieron cuenta de la inutilidad del registro, Madero fue detenido bajo la acusación de proteger a un fugitivo.

Doña Sara de Madero insistió en acompañar a su esposo en la penitenciaría del Estado. Al día siguiente Estrada se entregó a las autoridades, esperando así obtener la libertad del caudillo de la oposición. Sin embargo, la acusación contra Madero de "ayudar a un fugitivo" era sólo un pretexto. Esa mañana fue acusado de fomentar una rebelión y de insultar a las autoridades, incluso al presidente, en San Luis Potosí y en Monterrey. Estrada fue acusado de sedición y de insultos a las autoridades en ambas ciudades. Juan Orcí aparecía como el testigo principal de los crímenes alegados y cometidos en San Luis Potosí.

El embajador norteamericano, Henry Lane Wilson, informó al Departamento de Estado que Madero, "tanto como me ha sido posible cerciorarme, nunca ha incitado al pueblo a una revuelta armada. He sido correctamente informado de que el arresto de Madero fue directamente ordenado por el gobierno central". La prisión de Madero fue un desatino político, inoportuno y estúpido. Llegó a ser causa de la simpatía general, y desde entonces gozó de aún más popularidad. Madero había esperado alguna acción en contra suya de parte de las autoridades, y miraba su encarcelamiento y la reacción que precipitaría con satisfacción.

El día siguiente, Madero publicó una carta abierta a Porfirio Díaz. Lo acusaba de que mientras los independientes cumplían con la ley, sus sostenedores en los puestos públicos la violaban. Madero no era más que la víctima sobresaliente de la persecución gubernamental. Debido a que algunos miembros del comité electoral fueron arrestados y otros estaban escondidos, más algunos que habían desertado, solamente ocho de los quince miembros primitivos del Comité estaban activos el día de la elección (21 de junio). Los periódicos de la oposición habían sido clausurados una semana antes de la elección primaria, y por lo menos cinco mil de los seguidores de Madero estaban encarcelados el día de la elección. En esta atmósfera represiva ocurrió la primera chispa de violencia. Aunque algunos de los incidentes tenían origen local, todos reflejaban la inquietud general.

Durante la prisión de Madero ocurrieron serias dificultades entre él y los hermanos Vázquez Gómez. El 15 de junio, el doctor Vázquez Gómez escribió a Madero para avisarle que un oficial del Círculo Nacional Porfirista lo había visitado para proponerle un convenio a base de Díaz y Teodoro Dehesa. Al doctor le gustaba el aspecto *anticientífico* de la proposición y la posibilidad de evitar una revolución, la que, escribió, "debemos evitar a toda costa", y le recomendaba que aceptara el convenio.

Madero no rechazó por completo la idea, pero indicó que el único arreglo posible sería que un miembro de su partido, de preferencia el doctor, debería ser escogido para la vicepresidencia. Probablemente se cuidaba de los sentimientos antirrevolucionarios de su colega. La respuesta de Madero dio una nueva prueba del sentido de dignidad que caracterizaba su conducta. "Me parece indecoroso e indeseable entrar en arreglos mientras me encuentre prisionero".

El 21 de junio se celebraron las elecciones primarias; esa tarde Madero y Estrada fueron transferidos a la prisión de San Luis Potosí, donde los "crímenes" habían sido cometidos. El día siguiente de la elección primaria, el Círculo Nacional Porfirista anunció abiertamente su apoyo a la fórmula Díaz-Dehesa. Esta maniobra sin duda era dirigida contra los científicos. También se dirigía a dividir a la oposición. El esfumado Partido Democrático aceptó la fórmula Díaz-Dehesa. Vázquez Gómez pensaba que si Dehesa triunfaba, la oposición debía aceptarlo.

Madero, por otro lado, discutía los planes para la rebelión armada con sus allegados, en particular con su hermano Gustavo y con el doctor Rafael Cepeda. Los proyectos de rebelión eran aceptados y rechazados alternativamente. Después de las elecciones secundarias del 8 de junio, que habían reafirmado el triunfo de los releccionistas, Madero planeó un levantamiento para el día 14 de ese mes. Sin embargo, la falta de organización, la deficiencia de elementos necesarios y el hecho de que el jefe reconocido estaba en prisión, se levantaron ante los conspiradores como obstáculos insuperables y el plan fue rechazado.

Los amigos y la familia de Madero trabajaban por conseguir su libertad. A principios del mes de julio el ministro Limantour pasó por San Luis Potosí, de tránsito para Europa. El padre de Francisco conferenció con él en la estación en favor de los reos. Limantour le aconsejó que aquéllos deberían pedir su libertad bajo fianza y dio a entender que la petición sería favorablemente acogida. El 19 de julio, bajo la fianza dada por el doctor Cepeda, Madero y Estrada obtuvieron la libertad condicional, con la ciudad por cárcel.

Los partidarios visitaban a Madero para recibir instrucciones sobre los futuros procedimientos y planes para escaparse y para iniciar la revolución, pero entretanto continuaban creciendo las diferencias con los hermanos Vázquez Gómez. Emilio usaba el órgano antirreeleccionista *El Constitucional* para alabar la fórmula propuesta Díaz-Dehesa. Madero inmediatamente publicó una declaración diciendo que la opinión de Emilio era personal y que no representaba la posición del partido ni la de su candidato.

El doctor Vázquez Gómez no creía que el partido debía asumir una posición que evitara un arreglo pacífico. Era opuesto a recurrir a los hechos prohibidos por la ley: "Si nuestra campaña empezó dentro de la ley, así debería terminar el próximo mes, para dar pruebas de nuestra capacidad como partido de gobierno". Emilio Vázquez Gómez hizo eco a su hermano en oponerse a la idea revolucionaria de Madero: "Esto sería un sacrificio inútil y estéril".

La última salida legal que quedaba abierta a los antireeleccionistas consistía en protestar la elección ante el Congreso Federal y apelar por su nulidad. El Comité Electoral dio instrucciones a las unidades locales del partido para que reunieran las evidencias sobre las irregularidades de la elección. Con la base de los datos indicados el Comité preparó un memorial, pidiendo a la Cámara de Diputados que declarara las elecciones celebradas en junio y julio legalmente nulas. Madero no solamente aprobó esta medida, sino que insistió en que la petición se aplicara a todas las elecciones, incluyendo la del presidente.

El resultado ya se había anticipado para el 23 de septiembre. Una manifestación pública en la capital, a favor de las demandas presentadas a la Cámara de Diputados, fue disuelta por la policía. El 16 de septiembre, el general Díaz se dirigió al Congreso y atrevidamente declaró que las elecciones se habían celebrado con "regularidad" en todo el país. Ocho días más tarde la Cámara de Diputados y el Colegio Electoral se reunieron y aprobaron el fallo de la Gran Comisión, rechazando el memorial que alegaba la nulidad de las elecciones. El 4 de octubre Díaz y Corral fueron declarados reelectos.

No se planeó ninguna acción en septiembre por celebrarse las fiestas del centenario de la Independencia. La fachada del régimen porfiriano se iluminó con el gran número de distinguidos huéspedes, con la copiosa oratoria, con el derroche de champaña y el fulgor de la iluminación eléctrica; todo esto ocultaba el holocausto que se desarrollaba en las sombras. A pesar de la creciente presión contra su familia, dirigida a debilitar y descorazonar el movimiento opositor y a su jefe, Madero se opuso a cualquier acción durante los días de la festividad nacional.

Sin embargo, siguió adelante con sus planes de fuga, preludio necesario para la Revolución. Los detalles se realizaron en colaboración con el doctor Cepeda. Como parte de los preparativos de su huida, Madero daba paseos diariamente por las afueras de la ciudad. En estas caminatas gradualmente se aproximaba más a la estación del ferrocarril, retornando cada vez más tarde. Cuando se rumoreó que había sido dictada en la Ciudad de México la orden de aprehensión, el plan fue puesto en acción.

Madero pasó la noche del 5 de octubre en las habitaciones de su empleado Julio Peña. Al día siguiente apareció disfrazado como un mecánico empleado del ferrocarril, vestido humildemente con un pañuelo rojo, que rodeaba su cuello y ocultaba su barba, y un sombrero de paja en la cabeza. Él y Peña salieron al amanecer con destino a la estación de Peñasco, que distaba 13 kilómetros al norte de San Luis Potosí. A las ocho de la mañana los escondía un agente del tren del Norte, en un carro de carga.

En Monterrey los fugitivos transbordaron a un carro de tercera clase. Seguro ya en la frontera, Madero cruzó el puente internacional de Laredo el 7 de octubre. Se alegró de su feliz escapada y por la sorpresa de sus amigos, que casualmente lo encontraron en la estación de San Antonio. A la insinuación de un periodista de que había sido liberado, Madero replicó al instante: "¡Oh!, no he sido liberado. Me escapé; me escapé".

CAPÍTULO V

La Revolución Mexicana

Después de estar unos días en la casa de un amigo, el licenciado Ernesto Fernández Arteaga, Madero se cambió por motivos de seguridad y conveniencia al Hutchins, un hotel pequeño, frecuentado por su familia.

En todas partes la fuga de Madero fue interpretada, lógicamente, como el primer paso hacia la revolución. Para proteger a los que permanecían en México y evitar una provocación abierta a la neutralidad de los Estados Unidos, Madero negó cualquier intención que se le atribuyera de organizar una revolución. Por otro lado, consideraba que la propaganda pacífica estaba "dentro de los requisitos del derecho y la justicia".

A pesar de sus prudentes declaraciones públicas, en realidad estaba preparando financiera, militar e ideológicamente las bases para la revolución. El plan de San Luis Potosí se hizo para servir como bandera ideológica de la Revolución. En el mes de octubre, Madero comisionó a Federico González Garza, Roque Estrada o Juan Sánchez Azcona y Enrique Bordes Mangel para discutir y publicar un bosquejo del plan que había preparado a su llegada a Texas. Los comisionados lo ampliaron y le hicieron algunas modificaciones, sin alterar el estilo ni la intención del autor.

Aunque el plan se redactó y publicó en San Antonio, fue fechado por razones de conveniencia, de dignidad y de neutralidad en San Luis Potosí, el 5 de octubre, último día que Madero estuvo en esa ciudad. Este plan revolucionario está redactado de una manera sencilla, pero convincente. No presenta la debilidad de las repeticiones, ni de las expresiones puramente demagógicas. El plan de San Luis empieza con un análisis político, dirigido a justificar el movimiento armado.

Después sigue una relación de los acontecimientos políticos más recientes, suscitados por los esfuerzos de Díaz para imponer como sucesor a Ramón Corral. Madero da cuenta de cómo el Partido Antirreeleccionista fue organizado y de cómo proclamó los principios de "sufragio efectivo y no reelección" como "los únicos capaces de salvar a la República del peligro inminente con que la prolongación de la dictadura, cada día más vergonzosa, más despótica y más inmoral, la amenazaba".

Cuando agotó todos los recursos legales a fin de protestar contra el resultado de las elecciones, Madero declaró que "esta situación violenta e ilegal no se debe permitir que continúe"; anunciaba que asumía la presidencia provisional hasta "que el pueblo eligiera su gobierno, de acuerdo con la ley".

Además de declarar nulas las recientes elecciones, de asumir la presidencia provisional y de proclamar el principio de "no reelección", Madero se comprometió a respetar todas las obligaciones gubernamentales contraídas antes de la Revolución. El Presidente provisional se comprometió también a convocar a elecciones generales, tan pronto como la capital y más de la mitad de los Estados estuvieran en manos de la fuerza revolucionaria, y a nombrar gobernadores provisionales para cada Estado liberado. Estos funcionarios celebrarían elecciones de Estado tan pronto como el Presidente provisional lo juzgara conveniente. En cuanto a las finanzas, Madero prometía una contabilidad escrupulosa de los fondos públicos empleados. El dinero adicional se obtendría por medio de préstamos, voluntarios o forzados, los que debían ser contraídos únicamente con los ciudadanos mexicanos o con instituciones nacionales, extendiéndoles recibos para restituirlos después del triunfo.

Madero escogió el domingo 20 de noviembre para empezar la Revolución, e hizo un llamamiento a sus conciudadanos para tomar las armas en contra del régimen del general Díaz. "Echad a los usurpadores del poder, recobrad vuestros derechos de hombres libres y recordad que nuestros antepasados nos legaron una herencia de gloria, que no debemos manchar. Sed como ellos fueron: invencibles en la guerra y magnánimos en la victoria". Este fue el plan con el cual Madero exhortó a la nación mexicana.

Francisco I. Madero no fue el creador de la Revolución. La Revolución Mexicana hacía ya tiempo que tenía sus cimientos y hubiera estallado con o sin su programa. En realidad, su completo y verdadero programa evolucionó gradual y pragmáticamente. Madero ayudó a preparar la opinión pública y a obtener el apoyo para el movimiento; proveyó a la Revolución de una bandera y de un caudillo, y llegó a ser el símbolo de los descontentos y a simbolizar el deseo profundo de un cambio tanto social y económico como político. Que no haya podido comprender enteramente la profundidad, lo abrumador y, lo más importante, la urgencia del problema, puede explicarse en parte por el hecho de que el deseo de cambios fundamentales estaba mal definido y a veces era inconsciente. Considerando las dificultades que habría que vencer y los acontecimientos que sobrevendrían antes de que el sentido de la Revolución llegara a la conciencia de los ciudadanos como algo expreso y definido, las limitadas aptitudes de Madero como revolucionario pueden ser perdonadas.

Desde San Antonio se enviaron copias del plan revolucionario. Algún dinero, municiones y pertrechos fueron despachados al interior del país. Se mandaron agentes a tratar con los líderes locales, algunos de los cuales fueron designados como gobernadores provisionales o jefes de las fuerzas revolucionarias en sus respectivas zonas. Madero contaba con los levantamientos de Serdán en Puebla, Cosío Robelo en la capital, Robles Domínguez en Guerrero, Ramón Rosales en Hidalgo y Abraham González y José de la Luz Soto en Chihuahua, y dispuso cruzar el río Bravo en la noche del 19 de noviembre para unirse a su tío Catarino con "trescientos montados armados" y efectuar un asalto sobre la ciudad Porfirio Díaz (ahora Piedras Negras).

Cada día, simpatizantes de la causa y opositores al régimen de Díaz llegaban a San Antonio, hablaban con Madero y recibían las instrucciones que debían seguir al regresar a México. Los movimientos planificados en la capital y en Puebla abortaron. En la Ciudad de México, el gobierno, provisto de información, descubrió a mediados de noviembre la atrevida pero imprudente compra de armas por Francisco Cosío Robelo, Alfredo Robles Domínguez y Abel Serratos. El 17 de noviembre la prensa de la capital informó que un complot en contra del gobierno había sido descubierto y que casi todos los conspiradores estaban presos.

Además de los conspiradores de la capital en manos de las autoridades, también fue descubierta la correspondencia que describía el movimiento y una lista de personas comprometidas en varias localidades. En muchas comunidades, particularmente Puebla, Tlaxcala, Michoacán, Guerrero, Hidalgo y Veracruz, fueron arrestados cientos de sospechosos y transferidos al Distrito Federal para contestar el cargo de sedición. Estos acontecimientos apresuraron los prematuros y trágicos hechos de Puebla.

Aquiles Serdán, zapatero, que había leído el libro de Madero en 1909, fue atraído por las ideas democráticas del autor. Empezó a escribirse con el naciente líder político y bajo la sugerencia de Madero organizó el club antirreeleccionista Luz y Progreso, con un considerable número de miembros, cuya mayor parte estaba compuesta de trabajadores textiles. Perseguido continuamente por el jefe de la policía y el jefe político, Serdán pasó en prisión los últimos tres meses de 1909. Después de haber participado en la campaña emigró a los Estados Unidos. Como parte del plan de Madero para la rebelión armada, Serdán aceptó regresar a Puebla para promover allí un levantamiento armado. Para este viaje se disfrazó con un vestido negro, una peluca y un velo espeso. Antes de salir, Aquiles, con un fatal presentimiento, dijo a la Sra. Madero: "Llevo aquí el traje para la viuda".

La fecha de la rebelión estaba cerca y los conspiradores todavía no tenían las armas necesarias. Carmen Serdán, hermana de Aquiles, fue a San Antonio, donde obtuvo veinte mil pesos para ser distribuidos entre los movimientos de la capital y de Puebla. Su hermano Máximo compró armas y municiones en la Ciudad de México, y Aquiles armó a más de quinientas personas para la lucha contra la guarnición de Puebla, que se estimaba en mil hombres. Por entonces la ciudad estaba tan bien protegida que los rebeldes no tenían esperanza de éxito. El complot entero tenía un aura de romanticismo y de irrealidad.

La casa de Aquiles Serdán en la calle de Santa Clara estaba en el centro de la ciudad. En uno de los tres departamentos de la casa se albergaba un coronel que era incondicional sostenedor del gobierno del Estado. El levantamiento estaba fijado para el 20 de noviembre, pero el miedo de ser descubiertos adelantó la fecha. Esperando un ataque en su casa el 18 de noviembre, Serdán había dado orden de que este ataque fuera la señal para que sus partidarios armados de carabinas atacaran el cuartel de los soldados, y los que portaban pistolas se apoderaran de las torres de las iglesias Santa Clara y Santa Teresa. La casa sería defendida por once hombres, incluyendo a los hermanos Serdán, y tres mujeres, la hermana de Aquiles, su esposa y su madre.

A las siete de la mañana del 18, Miguel Cabrera, director de policía, con un pelotón de hombres fue a registrar la casa. Aquiles disparó contra él y entabló una lucha desigual. Después de una hora de combate los defensores fueron reforzados por cinco hombres y un muchacho. Sin embargo, los rurales (policías) se sumaron a los sitiadores y rodearon la casa. Aquiles, creyendo que la otra parte de su plan se llevaría a la práctica, continuó la acerba lucha; pero se equivocó. El resto de la ciudad de Puebla permaneció tranquila. Las barracas no fueron atacadas. Las fuerzas del gobierno, y no las rebeldes, ocupaban las torres estratégicas de las iglesias. Desde el techo y ventanas los defensores mantuvieron una gloriosa pero inútil defensa. Hacia el mediodía todos los hombres habían perecido, con excepción de Aquiles, quien, con su hermana, continuó disparando desde la ventanas. Cuando los federales ocuparon el tejado la lucha se terminó; su esposa y su madre lo persuadieron de que terminara la pelea y se refugiara en un estrecho sótano, donde las armas estaban guardadas. A última hora de la noche, su escondite fue descubierto a causa de un acceso de tos, y le dio muerte un guardia que permanecía allí para vigilar la casa. La batalla de la calle de Santa Clara costó al gobierno ciento cincuenta y ocho hombres.

La familia Serdán dio a la Revolución sus primeros mártires. Madero, que se encontraba cerca del Río Bravo, oyó, con lágrimas en los ojos, la tragedia de Puebla, referida por Federico González Garza. Ahogado por la emoción dijo: "No importa, nos han enseñado cómo se debe morir".

Este prematuro desastre y la mala organización del movimiento presentaban un cuadro desalentador en los días próximos al 20 de noviembre. La rebelión no fue general ni simultánea, como se esperaba. En muchas localidades los presuntos jefes revolucionarios habían sido capturados y, en otras, el miedo y la incertidumbre dieron la pauta para seguir una política de cautela y esperar el primer triunfo revolucionario. Sin embargo, la predicción de Guillermo de Landa y Escandón, gobernador del Distrito Federal, de que el 20 de noviembre "pasaría tan tranquilo como el día anterior" probó ser simplemente la primera de las muchas declaraciones que trataban de aminorar el movimiento ante los Estados Unidos.

El Distrito Federal y Puebla, escenas de los anteriores incidentes, permanecieron tranquilos el día designado para iniciar la Revolución. En Jalisco, sólo un pequeño brote, fácilmente reprimido en Etzatlán, perturbó la calma. También fueron abortados los desórdenes de los Estados de México y Guerrero. En seis Estados empezaron los movimientos armados entre el 19 y el 22 de noviembre. En Veracruz, Cándido Aguilar y Rosendo Garnica se rebelaron contra el gobierno en las afueras del Paso del Macho, y en Río Blanco, Gabriel Gavira y Rafael Tapia guiaron a algunos trabajadores a la revuelta. El primero fue dominado después de algunos encuentros. El grupo de Río Blanco se dispersó al primer encuentro con los rurales. El centro antirreeleccionista de Tlaxcala se rebeló y fue fácilmente vencido. En San Luis Potosí las fuerzas del doctor Rafael Cepeda tuvieron que recurrir a las tácticas de guerrilla. En el Noroeste, José María

Maytorena, desde Nogales, Arizona, hizo un llamamiento de rebelión al pueblo de Sonora, mientras que en Sinaloa, Juan Banderas y Ramón Iturbe encabezaron un fracasado asalto sobre Culiacán. Derrotados, los rebeldes retrocedieron a las montañas de Sinaloa y Durango.

Los disturbios más grandes fueron en la parte norte de los Estados de Durango, Chihuahua y Coahuila. Aun en esta región los primeros golpes revolucionarios fueron esporádicos y sin éxito, pero fue aquí donde la Revolución mantuvo su continuidad, que probó ser un movimiento determinante del éxito final. El 20 de noviembre, en la Laguna, región de Durango y Coahuila, Jesús Agustín Castro, Orestes Pereyra y unos sesenta rebeldes capturaron la comunidad de Gómez Palacio; sin embargo, el triunfo no duró mucho, porque cuando las fuerzas federales de Ciudad Lerdo atacaron, fue abandonada. El mismo día, Guillermo Baca atacó Hidalgo del Parral, Chihuahua, con 400 hombres, pero fueron repelidos por los defensores.

Chihuahua fue el centro de numerosas rebeliones contra el gobierno: Toribio Ortega, con 18 hombres en Cuchillo Parado, cerca de Ojinaga; José de la Luz Blanco cerca de Temosachic; Ceferino Pérez y Francisco Villa, bajo las órdenes de Cástulo Herrera, en la vecindad de San Andrés, y Pascual Orozco, hijo, con veinticinco hombres en San Isidro. Hubo algunas escaramuzas y el sitio por las fuerzas de Orozco, de Ciudad Guerrero, pero no fue sino una semana después cuando se efectuó el primer choque serio entre los revolucionarios y las tropas federales. El 27 de noviembre, el general Navarro, que tenía superioridad numérica, derrotó a las fuerzas de Pérez y Villa en El Fresno.

Aunque la rebelión en el Norte parecía mejor organizada y las fuerzas permanecerían íntegras, los resultados eran desalentadores. Psicológicamente, la falla más perturbadora fue aquella en que se vio envuelto el mismo Madero. El líder revolucionario resolvió guiar un asalto en el pueblo fronterizo llamado Ciudad Porfirio Díaz, pero al llegar al río Bravo se acordó que la expedición sería un fracaso y el grupo decidió dispersarse.

Francisco se escondió en El Indio. Allí supo la tragedia de Puebla y que no había buenas noticias. Durante dos horas Madero y algunos de sus asociados discutieron la situación. La evidencia hacía resaltar el hecho de que lo que se había proyectado como una verdadera revolución llegó a ser una desorganizada y fracasada serie de desórdenes con la apariencia de un embrollo político. Acordaron ir a Eagle Pass a esperar los acontecimientos.

Después de dos días de espera, Madero decidió abandonar el proyecto de entrar en México y regresó a San Antonio.

Para Madero y su familia parecía que el pueblo no había respondido. Los anteriores fracasos lo deprimían, y el entusiasmo de la familia ya era poco. En realidad, la familia decidió aceptar la derrota como final y urgía a Francisco para que huyera a Europa. Madero, desalentado y rodeado de parientes de los cuales dependía, y con sus propios recursos mermados, vacilaba en su determinación de continuar la lucha. Acompañado por su hermano Raúl y por Roque González Garza, Madero viajó de incógnito a Nueva Orleáns, donde los tres permanecieron casi todo el mes de diciembre. La estrecha dificultad económica en que se encontraron puede juzgarse por el hecho de que Madero tenía que remendar sus propios calcetines y reparar sus zapatos.

La correspondencia de Francisco I. Madero desde Nueva Orleáns prueba su devoción a la causa y su determinación de continuar la lucha. Apoyaba su resolución en cualquier rumor favorable. Escribió a Estrada diciéndole que estaba de acuerdo en que la revolución triunfaría, y lo autorizaba para entrar a México cuando lo creyera conveniente. A Venustiano Carranza, quien se retardaba en tomar parte activa en la rebelión armada, Madero le escribió algunas cartas, urgiéndolo a unirse al movimiento. A pesar del consejo de sus compañeros para proceder con prudencia, Francisco I. Madero habló repetidamente de su determinación de entrar al territorio mexicano con o sin ejército.

En el último mes del año, las noticias favorables de Chihuahua reavivaron los decaídos espíritus de los exiliados, renovaron los deseos de la familia de Madero de subsidiar la causa revolucionaria y determinaron el retorno de Madero a Texas para entrar en México desde el Norte. Fue en Chihuahua donde los revolucionarios habían conservado sus fuerzas intactas, empleando métodos de guerrilla y evitando verdaderos encuentros con los federales.

Francisco I. Madero regresó a San Antonio el 29 de noviembre, alentado por la llama que se había prendido en Chihuahua. Desde mediados del mes, sus compañeros en Texas discutían el regreso a México, para que asumiera la jefatura de las fuerzas revolucionarias. Después de que algunos intentos fracasaron, se organizó una expedición para cruzar el Río Bravo cerca de Las Vacas, en Coahuila. Las tropas rebeldes cruzaron el río, pero se dispersaron después de un encuentro con los rurales. Madero se preparaba para unirse a esta expedición cuando le llegó la noticia del fracaso. Por considerarse peligrosa su permanencia en San Antonio, decidió ir a Dallas a esperar otra oportunidad.

Luego de estar una semana en Dallas, Madero fue a El Paso, en donde pensó unirse a las fuerzas de Orozco. Varios de sus compañeros fueron a prepararle el camino con los rebeldes de Chihuahua. Los sucesos de enero y de principios de febrero alimentaron la llama de la Revolución. Hubo nuevos levantamientos en Coahuila, Zacatecas, Durango y Veracruz. A Texas llegaron varios emisarios de Guerrero y Veracruz para obtener fondos. Pino Suárez pedía ayuda para un movimiento en Yucatán. Naturalmente que los revolucionarios tenían tantos reveses como victorias, pero el tiempo estaba de su parte. Si podían mantener el grueso de sus fuerzas intactas y evitar una derrota aplastante, las fuerzas rebeldes crecerían y sus perspectivas de victoria aumentarían. Esto fue particularmente cierto en cuanto al principal movimiento rebelde de Chihuahua. Pascual Orozco marchó hacia el Norte hasta que su ejército llegó al ferrocarril que corre de la ciudad de Chihuahua a Ciudad Juárez, que era su objetivo. Empleando equipo de ferrocarriles, la gente de Orozco viajó hacia la ciudad fronteriza.

Porfirio Díaz, reconociendo que el corazón de la rebelión estaba en Chihuahua, concentró sus esfuerzos en ese Estado, y comprendiendo que la policía rural era incapaz para enfrentarse a una fuerza numerosa y bien organizada, envió tropas del ejército federal. El gobierno recurrió también a medidas políticas en un esfuerzo por eliminar a Orozco, pero no tuvo éxito.

Madero estaba preparado en El Paso para unirse a las fuerzas de Orozco. La necesidad de Madero de ponerse al frente de las fuerzas revolucionarias era imperativa; sin embargo, algunos de sus consejeros le indicaron que el momento no era oportuno. Entonces se recibió la noticia de que el escondite de Madero había sido descubierto por las autoridades norteamericanas, que habían dictado orden de arresto en su contra bajo la acusación de que preparaba una expedición militar en contra de una nación amiga y de que había enviado armas y municiones a México, lo que constituía una violación de la ley de neutralidad. Acompañado de ciento treinta hombres, incluyendo cerca de cincuenta voluntarios norteamericanos, Madero se apresuró a cruzar la frontera en la madrugada del 14 de febrero, con dirección a la Isleta, cerca de 26 kilómetros al Este de Ciudad Juárez. Fueron recibidos por una fuerza que comandaba José de la Luz Blanco.

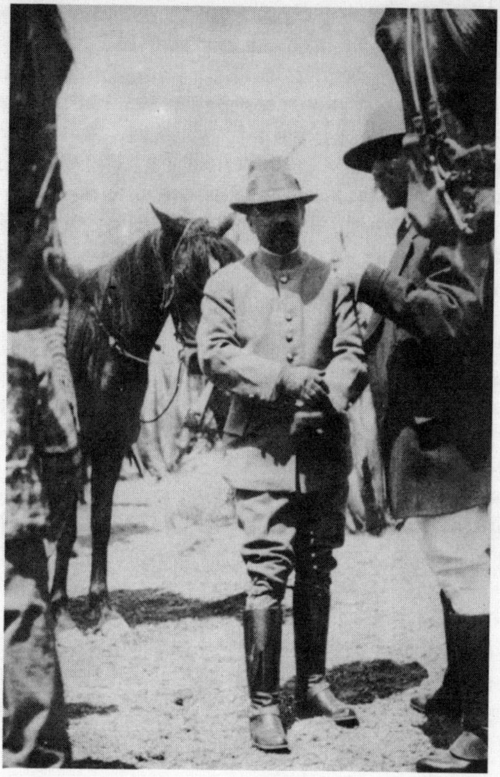

Madero era un buen jinete.

La circunstancia de la orden de arresto norteamericana, combinada con los acontecimientos militares de México que apresuraron la entrada de Madero al territorio mexicano, plantea una cuestión muy debatida sobre la actuación de los Estados Unidos en la Revolución de Madero. Ninguna revolución en contra del gobierno mexicano habría triunfado si el gobierno de los Estados Unidos hubiera seguido la política de verdadero apoyo al régimen de Díaz. Por lo menos una política de "neutralidad" se hacía necesaria si un grupo revolucionario organizaba, operaba y abastecía sus fuerzas desde el territorio norteamericano. La actitud del gobierno de los Estados Unidos, que desde hacía más de veinte años apoyaba al gobierno de Díaz y había frustrado los esfuerzos de los exiliados, parecía haber cambiado de actitud para diciembre de 1909. Ese mes Henry Lane Wilson se encargó de la

Embajada norteamericana, y poco tiempo después pronunció un discurso en el que hacía saber la inconformidad de su gobierno por la continuidad de la dictadura de Díaz. Ese descontento fue causado, en gran parte, por la tendencia que el Presidente mexicano, influido y apoyado por los "científicos", tenía de favorecer los intereses europeos con preferencia a los norteamericanos.

Por otra parte, aunque la Revolución Mexicana dio muestras más tarde de fuerte antipatía hacia los extranjeros, no hubo ninguna en su comienzo. Madero, admirador de las instituciones norteamericanas, deseaba relaciones cordiales con los Estados Unidos, y en el primer contacto que tuvo con el secretario de Estado norteamericano se comprometió a reconocer todos los tratados internacionales existentes antes del 20 de noviembre de 1910, y cuando asumiera la responsabilidad como gobierno provisional, los daños e injurias causados a los ciudadanos de las naciones que lo reconocieran.

En presencia de estos antecedentes con el régimen de Díaz y de las garantías ofrecidas por Madero, los Estados Unidos siguieron una política de tolerancia hacia los rebeldes. Las agencias revolucionarias en San Antonio no eran molestadas, ni en El Paso, ni en Washington.

El gobierno de Díaz reconoció su desfavorable posición y tomó las medidas necesarias para corregir la situación. Las quejas mexicanas hicieron que los Estados Unidos las atendieran. Las acusaciones especificadas fueron objeto de investigación; algunos cargamentos de armas y municiones fueron capturados y un número de expediciones armadas fueron detenidas. En dos ocasiones se dictaron órdenes de arresto en contra de Francisco I. Madero, pero la primera fue retirada por falta de pruebas y la segunda lo obligó a cruzar la frontera. Sánchez Azcona, secretario de la agencia revolucionaria en Washington, fue detenido; sin embargo, fue liberado después que un tribunal rehusó la extradición que pidió el gobierno mexicano.

Después de haber cruzado la frontera el 14 de febrero, Madero y su escolta prosiguieron lentamente hacia el sur. El 22 de febrero llegaron a Villa Ahumada. Poco después, en Guadalupe, Chihuahua, Madero efectuó su primer acto oficial en tierra mexicana. De allí dirigió su primera nota al gobierno norteamericano; en ella enumeró las razones justificativas del movimiento y ofreció las garantías de un gobierno responsable. También nombró una comisión para arreglar lo relativo a los bonos. Madero estaba ansioso de contar con individuos de importancia, otros que no fueran de su familia, para manejar la delicada cuestión de la propuesta negociación del empréstito.

El problema más serio a que se enfrentó Madero en su marcha hacia el Sur fue la falta de disciplina militar. Las fuerzas revolucionarias mexicanas eran a menudo refractarias a subordinarse a su jefe. La lealtad a un superior revolucionario duraba el tiempo que se juzgaba conveniente, pero tarde o temprano se comprobaba que esta disciplina era aparente. Madero reconoció este peligro e insistió en exigir la disciplina y el reconocimiento de su posición como jefe y Presidente provisional. Esta actitud le atrajo críticas que lo calificaban de egoísta, pero la cuestión era grave, particularmente cuando la Revolución se extendía por toda la República, con sólo un control nominal centralizado.

Otro incidente importante fue el arresto del caudillo liberal Prisciliano G. Silva. Aunque lo acusaron de bandidaje los maderistas, la causa principal fue que Silva rehusó reconocer la posición y autoridad de Madero. Este incidente fue el motivo de la división inevitable entre los liberales y Madero. Los dos grupos de oposición se habían venido distanciando ideológica y políticamente. Los liberales, bajo la jefatura de Flores Magón, se inclinaban hacia un credo político de tipo anarquista. Ricardo Flores Magón lanzó el grito de "tierra y libertad" y aseguraba que la libertad política sola no podría traer la felicidad al pueblo.

Después de esta franca división con los liberales, Madero prosiguió a la ciudad de San Buenaventura, donde las mujeres, vestidas de blanco, lo recibieron con flores. Era a principios de marzo, y las perspectivas de la Revolución empezaron a ser más prometedoras. El movimiento ganaba en Sonora y se esparcía en Sinaola.

En la parte sur del país empezaba a adquirir proporciones amenazantes. Los jefes federales estaban preocupados, porque el método de la campaña que se llevaba a efecto en el Norte hacía necesario dividir el cuerpo principal de sus tropas.

Madero y sus hombres llegaron a las cercanías de Casas Grandes el 5 de marzo. Los revolucionarios, como solían hacerlo, avanzaron en dobles filas compactas, con veinticuatro carretas de materiales a retaguardia. Para aproximarse a la ciudad había que pasar por una peligrosa llanura, donde se exponían a ser observados por los defensores de la ciudad con anteojos de largo alcance. A las cuatro y treinta de la tarde, los maderistas cruzaron el río de Casas Grandes, y Madero, Eduardo Hay, Raúl Madero y Garibaldi avanzaron con un pequeño grupo a una loma que miraba hacia la ciudad, para reconocer posiciones. A las cinco, los rebeldes acamparon en el rancho Anchondo, casi dos millas hacia el sur de Casas Grandes. Esa noche Madero ordenó ocupar la altura llamada Moctezuma, como preludio del ataque del día siguiente. A pesar de los esfuerzos de Madero para evitarlo, una vergonzosa retirada siguió al concertado ataque de los federales. El caudillo, finalmente, también se retiró, pero después que el grueso de sus soldados había desertado. Levemente herido en el antebrazo, Madero prosiguió a pie a Rancho Anchondo, donde obtuvo un caballo. En Casas Grandes, el jefe revolucionario, indiferente a su seguridad personal, demostró un gran valor.

Francisco I. Madero no se desalentó por este inesperado revés. Afirmó que las "revoluciones no se pierden por un encuentro adverso". Paradójicamente, la derrota de Casas Grandes favoreció la causa revolucionaria. *El Imparcial* podía burlarse del "general Madero", como se había reído anteriormente de la idea de que cruzaría la frontera, pero su valor personal le atrajo seguidores. Su jefatura había proclamado ante México y el mundo que las desbandadas tropas de la insurrección tenían ahora en el campo una cabeza de responsabilidad y dirección.

Madero, reforzado por Orozco y Villa, empezó a organizar las fuerzas rebeldes en Rancho Bustillos, a unos 113 kilómetros de la ciudad de Chihuahua. El jefe revolucionario permaneció el resto de marzo en Bustillos y durante este mes la causa de los insurgentes avanzó mucho. El general Díaz, en la entrevista del día siguiente de la batalla de Casas Grandes, declaró que la situación había mejorado y que la revolución terminaría pronto. Sin embargo, la rebelión armada se extendía en Sonora, Durango, Sinaloa, Coahuila, Zacatecas, Aguascalientes y parte de Jalisco. Otros brotes revolucionarios aparecieron en Guerrero, Morelos, Puebla, Tlaxcala, Veracruz, Tabasco y Yucatán. La ineptitud del gobierno para apagar el fuego revolucionario en esa temprana etapa hacía pensar que el régimen de Díaz carecía de la fuerza y solidez que se suponían.

Los jefes federales estaban preocupados por la concentración de los rebeldes cerca de la ciudad de Chihuahua y por las noticias de que Orozco se preparaba para atacar la capital del Estado. Para enfrentarse a estos peligros había una intensa actividad de las fuerzas federales durante los primeros días de abril. Entonces, el gobierno cometió un doble error. Por un lado, Ciudad Juárez fue privada de auxilio. Por otro, fuertes contingentes armados permanecían acuartelados en la capital del Estado y corrían el peligro de quedar aislados si se cortaban las líneas del ferrocarril hacia Torreón y hacia el Norte.

Siguiendo su plan, los federales habían colocado sus fuerzas en una desfavorable situación, mientras que dejaban toda la región norte en poder de los rebeldes. A finales de marzo, Madero y Orozco levantaron el campo en Bustillos y comenzaron a moverse hacia Ciudad Juárez. Madero estaba decidido a capturar la ciudad fronteriza, porque esto le daría un punto de apoyo seguro para proveerse de armas y pertrechos y, además, una base para negociar el reconocimiento de los revolucionarios. Por otro lado, como el jefe revolucionario admiraba a Juárez, deseaba imitar al gran mexicano, haciendo de Ciudad Juárez (llamada Paso del Norte en los días de Juárez) su capital provisional.

La rebelión armada no se limitaba a los Estados de la parte norte. El 8 de abril, Indé (Durango) cayó en poder de los rebeldes. Luis Moya, guerreando en Durango y cerca de Zacatecas, capturó Mapimí, ciudad de Durango, y asaltó la capital de Zacatecas. Ciudad Valles, en San Luis Potosí, fue atacada. La sección sudoeste de Michoacán estaba controlada por maderistas. Los insurgentes en el sur de México también activaban la Revolución. Emiliano Zapata capturó Chiautla, Izúcar de Matamoros y Acatlán, en Puebla, y pronto se apoderó de algunos pueblos en el Estado de México. Las fuerzas de Figueroa, que militaban principalmente en Guerrero, amenazaron Cuautla, Morelos. En la parte sureste del país, las actividades de los rebeldes aumentaron, pero sin ser uniformemente victoriosas. El general Gavira amenazaba Jalapa en Veracruz, sin resultado, pero San Andrés Tuxtla, en ese Estado, cayó en poder de los maderistas. Había también encuentros en Tabasco, Yucatán y Chiapas.

El gobierno no sabía hacia dónde moverse. El jactancioso ejército federal, que se componía de más de treinta mil hombres, no fue capaz de movilizar más de catorce mil para la lucha. Todos los gobernadores pedían ayuda, pero no había suficientes hombres y municiones a pesar de los grandes gastos del gobierno. Por su parte, los rebeldes se encontraban sin dinero, armas y municiones, pero tenían sobrados elementos humanos. A medida que los días pasaban, más y más hombres se afiliaban a los revolucionarios; sin embargo, la Revolución estaba lejos de ser impresionante. El número de los efectivos maderistas quizá nunca pasó de 20,000 hombres y, por lo menos, el sesenta por ciento estaba en los Estados del Norte.

El gobierno de Díaz recurrió a varias medidas en un esfuerzo por derrotar a la Revolución. Hacia mediados de marzo sometió una solicitud a la consideración de la Cámara de Diputados para suspender las garantías individuales contenidas en la Constitución, reemplazó a los gobernadores impopulares, renovó su gabinete y propuso al Congreso la prohibición de la reelección, la división de las grandes propiedades campesinas, la reforma judicial y la autonomía local, como política del gobierno. Francisco I. Madero consideraba como un mérito de la Revolución las reformas ofrecidas por Díaz, pero afirmaba que sólo pretendían desarmarla. Declaró que simples promesas, como las que el gobierno había hecho en repetidas ocasiones, no eran suficientes. El caudillo revolucionario exigió que fueran declaradas nulas las pasadas elecciones y que se celebraran otras con plenas garantías. Otro de los paliativos políticos ofrecido por Díaz fue el de pedir un permiso para que se ausentara el impopular vicepresidente Corral por motivos de mala salud.

La última estratagema del gobierno consistió en tratar de vencer a la Revolución por medio de una serie de "negociaciones de paz". Valiéndose de algunos miembros de la familia Madero y de otras personas, el gobierno creyó lograr por el engaño lo que no podía obtener por la fuerza de las armas ni por las maniobras políticas. El resultado fue que el vetusto régimen, favorecido por ciertas condiciones, evitó una completa derrota.

Hacia fines de febrero una comisión compuesta de Ernesto Madero, Evaristo Madero y Rafael Hernández (todos parientes consanguíneos del jefe revolucionario), y el español Iñigo Noriega llegaron a Corpus Christi, Texas. Noriega tenía los medios de ponerse en contacto con el Presidente Díaz. El padre de Madero y su hermano Alfonso se apresuraron a conferenciar con esta comisión. Expresaron sus deseos de procurar que los líderes revolucionarios terminaran las hostilidades y que buscaran una amnistía general. La negativa del agente confidencial de la Revolución, el doctor Vázquez Gómez —ocupaba el cargo desde el 6 de febrero de 1911, por instancias de Madero—, para asistir a la conferencia trajo a la primera y prematura negociación un infructuoso fin.

Hubo otra serie de conferencias en Nueva York a la llegada de Limantour. Considerando los fuertes lazos políticos y de amistad personal de los miembros de la familia Madero con Limantour y la ansiedad del padre de Madero de llegar a algún arreglo, la reunión en Nueva York auguró el éxito al astuto miembro del gabinete. Gustavo Madero llamó al doctor Vázquez Gómez a Nueva York para que participara en la serie de pláticas del domingo y lunes, marzo 11 y 12. Limantour mostró un espíritu de cooperación en estas reuniones, pero en la sesión final del lunes en la tarde su actitud cambió notoriamente. Tal vez las alentadoras noticias recibidas de México explicaban su conducta; sin embargo, un resumen de los proyectos de las posibles negociaciones fue redactado para que Limantour lo llevara a México, y para que se consultara a Francisco I. Madero.

El doctor Vázquez Gómez le escribió a Madero recomendándole que entrara en las negociaciones. Sin embargo, éstas eran prematuras una vez más, y ninguno de los asistentes estaba autorizado para ultimar los arreglos. En conversaciones privadas Limantour se quejaba de que la obstinación de Madero en no asistir a estas reuniones era el mayor obstáculo para realizar un convenio.

A fines de marzo, Rafael Hernández y Salvador Madero, que aseguraban ser los representantes de Limantour, llegaron a San Antonio. En la tarde del 13 de marzo asistieron a una conferencia Hernández, Sánchez Azcona, Pino Suárez, Alfonso Madero, Roque Estrada y Gustavo Madero. Diferentes puntos de vista fueron intercambiados, y acordaron que una comisión compuesta por el padre de Madero, Hernández, Alfonso Madero y Roque Estrada fuera a Chihuahua a explorar los sentimientos de Madero y de los otros jefes. Sin embargo, la falta cometida por el gobierno de no expedir el salvoconducto y la ignorancia del lugar donde se encontraba Madero frustraron este empeño. Una vez más las negociaciones carecían de carácter oficial.

Para el 18 de abril, los dos mil quinientos hombres que componían la fuerza revolucionaria tomaron posiciones alrededor de Ciudad Juárez. Madero estableció su cuartel general en una choza de adobe en Rancho Flores, cerca de la línea divisoria al Este de la ciudad. Un destacamento fue dejado en Bauche como retaguardia y para cubrir la línea de retirada. El caudillo revolucionario envió un ultimátum al general Navarro, que defendía la ciudad, exigiéndole la rendición. El jefe federal le replicó que no estaba autorizado para decidir.

El doctor Vázquez Gómez pedía que se retardara el ataque. Telegrafió a De la Barra que Madero se preparaba a atacar Ciudad Juárez con tres mil hombres (exageración excusable) y urgía la evacuación de las fuerzas que ocupaban la ciudad como base para las negociaciones de paz. A Madero le recomendaba un armisticio, basándose en el hecho de que un ataque a Ciudad Juárez, que está separada de El Paso solamente por el río, causaría la intervención norteamericana, y segundo, para inmovilizar los refuerzos del gobierno, que podían ya venir en camino o ser enviados a reforzar la sitiada guarnición. Francisco I. Madero no estaba de acuerdo con el doctor, porque tenía suficientes fuerzas y artillería para tomar la ciudad y porque consideraba el armisticio como altamente desfavorable, dada la posición de los revolucionarios. "Es preferible continuar la guerra y solamente cesar las hostilidades cuando se haya llegado a algún arreglo".

El caudillo revolucionario pensaba que cualquier orden de *cese el fuego* debía hacerse con la condición de la renuncia del general Díaz y la rendición de Ciudad Juárez. Sin embargo, las repetidas advertencias de Vázquez Gómez de que un ataque contra Ciudad Juárez conduciría a la intervención norteamericana decidieron a Madero a aceptar un armisticio de cinco días que empezó el 24 de abril, sin las anteriores condiciones.

Otro suceso influyó para que Madero aceptara el armisticio. El 19 de abril, Oscar Braniff y Toribio Esquivel Obregón llegaron a El Paso para hacer los arreglos de paz como emisarios de Limantour. En la primera entrevista que tuvieron con Madero, rodeado de los jefes revolucionarios, le urgieron a que celebrara un armisticio para reanudar las negociaciones. El jefe revolucionario replicó que un armisticio no conduciría a ningún fin a no ser que estuviera basado en la renuncia de Díaz "dentro de un tiempo razonable", y accedió a posponer el ataque contra Ciudad Juárez, por veinticuatro horas, para dar tiempo a los comisionados de comunicarse con el gobierno.

La siguiente sesión, que se celebró el 22 de abril, presentó una situación completamente diferente. Braniff y Esquivel Obregón informaron con satisfacción que Madero estaba de acuerdo en negociar bajo los siguientes términos: establecer el principio de "sufragio efectivo y no reelección"; que la Revolución nombrara catorce gobernadores y cuatro ministros; la evacuación de Sonora, Chihuahua y Coahuila por las fuerzas federales, y la restauración y conservación del orden en estas zonas por las tropas revolucionarias y, además, la renuncia de Corral. Aunque los seguidores de Madero habían sostenido que la renuncia de Díaz era un factor de importancia, el hecho de que este requisito no se especificara en las condiciones impuestas por el jefe reveló claramente la influencia que la familia ejercía sobre él. Madero, atormentado por la insistencia de los revolucionarios de que Díaz debía renunciar y la ansiedad de su familia porque terminara la lucha, vacilaba. Se esforzaba por justificar las negociaciones, argumentando que esperaba tales condiciones que hicieran imposible la continuación de Díaz en el poder. "Lo que va a pasar será que le daremos al general Díaz un medio decoroso de retirarse".

El 27 de abril el armisticio fue prorrogado por cinco días más, para permitir la asistencia del comisionado del gobierno que estaba autorizado para ultimar las negociaciones. Limantour nombró a Francisco Carbajal, magistrado de la Suprema Corte, como representante oficial, autorizado para utilizar los servicios de Braniff y de Esquivel Obregón.

Durante dos días, los revolucionarios encabezados por el doctor Vázquez Gómez, discutieron acerca de la necesidad de que Porfirio Díaz renunciara. Al principio Madero se opuso a esta demanda porque estaba "comprometido con Limantour", al parecer por el convenio del 22 de abril. Finalmente el jefe rebelde se puso de acuerdo en que Díaz debía renunciar dentro de "poco tiempo", y por recomendación del doctor, nombrara a De la Barra, ministro de Relaciones Exteriores, Presidente provisional.

Carbajal llegó el 3 de mayo, y debido al carácter formal de las próximas conversaciones el armisticio se prolongó por setenta y dos horas. El primer encuentro de Madero y Carbajal fue en la tarde de ese día, en un punto intermedio entre Ciudad Juárez y el campamento rebelde. Carbajal se reunió con sus compañeros, estando muy optimista porque Madero no había insistido "en presentar la propuesta de la renuncia de Díaz".

El comisionado del gobierno quizá no apreció bien la actitud de Madero, porque en las instrucciones del 4 de mayo, que el jefe rebelde preparó a los negociadores de la paz, Vázques Gómez, Pino Suárez y Francisco Madero, padre, se exigía la renuncia de Díaz y de Corral y que De la Barra asumiera el gobierno mientras Madero no llegara a la capital a hacerse cargo de la Presidencia provisional. Carbajal, demostrando gran sorpresa e indignación, declaró que ya que carecía de instrucciones para negociar sobre estas bases, las conferencias se daban por terminadas. El 6 de mayo, mientras transcurría el armisticio, Carbajal notificó a los revolucionarios que no podía continuar tratando las condiciones propuestas por consideraciones políticas y patrióticas.

El último día del armisticio, Braniff, Esquivel Obregón y Rafael Hernández solicitaron conferenciar con los jefes revolucionarios. Madero accedió a esta petición y la junta se celebró en el recibidor de la choza de adobe. En el cuarto estaban los jefes militares y civiles de la Revolución. Las negociaciones se reanudaron con una discusión sobre la dimisión de Díaz y el establecimiento de un gobierno mixto. En esta situación fue cuando Venustiano Carranza lanzó su profética advertencia: "Revolución que transige es una revolución perdida; la Revolución que hace concesiones se suicida". Madero clausuró la sesión declarando que la nación mexicana no toleraría ese oprobio y que, por lo tanto, la Revolución debía seguir adelante hasta que el tirano cayera.

El 7 de mayo, Madero hizo dos cosas significativas. Se dirigió a sus tropas, informándoles del fracaso de las negociaciones, debido a la negativa de Díaz de entregar el poder y les comunicó que para evitar complicaciones internacionales estaba ordenando una retirada hacia el Sur, a pesar de las protestas de algunos oficiales del ejército que deseaban atacar Ciudad Juárez.

Ese mismo domingo, en la tarde, el general Díaz lanzó un manifiesto a la nación en que enumeraba los esfuerzos hechos por el gobierno para negociar con los rebeldes. El presidente culpaba a los revolucionarios de que, a pesar de la buena voluntad del gobierno, las negociaciones de paz habían fracasado debido a sus exorbitantes exigencias. Manifestaba que se retiraría "cuando su conciencia se lo diga: que al retirarse no entrega el país a la anarquía". La reacción pública fue opuesta a lo que en apariencia se había esperado. El manifiesto fue interpretado como una confesión del gobierno de que carecía de los elementos suficientes para medirse con la rebelión y la promesa de su retiro se consideró como vaga. El desarrollo de las acciones militares frustró toda esperanza de nuevas negociaciones sobre la base de la declaración de Díaz.

El 8 de mayo ocurrió un inesperado ataque a Ciudad Juárez. Aunque hay muchas versiones de cómo empezó el ataque, se supone que fue iniciado por algún jefe que estaba en desacuerdo con la orden de retirada. Madero dio la orden de cesar el fuego e informó a Navarro que el ataque no estaba autorizado. Dijo al jefe federal que él había ordenado que no dispararan y le pedía que hiciera lo mismo. Sin embargo, la orden de Madero no fue obedecida. El líder rebelde atribuyó esta situación al hecho de que, una vez comenzadas las hostilidades, los simpatizantes rebeldes que se encontraban dentro de la ciudad (que se estimaban en cuatrocientos) y voluntarios de El Paso que eran refractarios a la disciplina, entraron en la contienda. Madero persistió en su esfuerzo de acabar la lucha, enviando un emisario que portaba bandera blanca con órdenes de cesar el fuego, pero éste recibió una descarga de tiros y tuvo que regresar.

A las tres de la tarde los revolucionarios habían capturado la primera línea de trincheras y los federales cedían terreno. Una hora más tarde, Madero, finalmente, mandó a sus tropas a prepararse para un ataque general. Algunos de sus hombres se pusieron en movimiento de inmediato, pero el jefe rebelde ordenó de nuevo la suspensión de las hostilidades, porque no quería atacar sin avisar antes a Navarro. La tarde del 10 de mayo Navarro se rendía, "para evitar el inútil sacrificio" de sus hombres.

No se puede afirmar que la rendición de Navarro y sus cuatrocientos soldados, junto con la toma de la ciudad fronteriza, a más de 1,600 kilómetros de la capital, causara la caída del gobierno de Díaz; pero la victoria alcanzada en Ciudad Juárez fue la gota que derramó el vaso, el tiro de gracia al régimen de Díaz. Las llamas revolucionarias se esparcieron como incendio de pradera por toda la República. La opinión pública despertó creando una atmósfera opuesta a la dictadura. Sólo cinco de las treinta y un entidades territoriales no fueron afectadas por la Revolución, y en la mayoría de las otras los insurgentes tenían el dominio. En muchos Estados el control efectivo de los federales estaba limitado a la capital y unas pocas ciudades importantes, pero varias estaban sitiadas por los rebeldes. El éxito de la Revolución, desintegrándose el poder de resistencia del gobierno durante la segunda y tercera semanas de mayo, fue maravilloso. Hubo un loco desbordamiento de los que sarcásticamente eran tildados de "revolucionarios del último momento" y que se incorporaban al carro triunfal de la Revolución. Una interminable serie de victorias revolucionarias fueron anunciadas.

Considerando la irregularidad y espontaneidad con que fueron creadas y multiplicadas las bandas revolucionarias, la victoria se logró con rapidez. Cinco meses no fueron suficientes para aclarar en la conciencia pública la situación, para trazar una línea entre el viejo y el nuevo régimen, entre la reacción y la Revolución, para organizar un partido revolucionario compacto y para que la doctrina política se difundiera en él. No había tiempo aún para establecer relaciones y reforzar la disciplina y organizar a los dispersos elementos revolucionarios. No se habían organizado grandes comandos, ni aun uno pequeño que encabezara a los demás. Madero era a lo sumo un símbolo más bien que jefe de la revolución que había iniciado.

El jefe de la Revolución entró triunfalmente en Ciudad Juárez en las últimas horas del 10 de mayo. Estableció su cuartel general en el edificio de la aduana y procedió a nombrar su gabinete. El doctor Vázquez Gómez, como ministro de Relaciones Exteriores; Gustavo Madero, ministro de Hacienda; Pino Suárez, de Justicia; Federico González Garza, de Gobernación; Manuel Bonilla, de Comunicaciones, y Carranza, de Guerra. Este "gabinete" se reunía diariamente en el salón principal del edificio de la aduana, para discutir los asuntos del gobierno provisional.

El general Navarro y su gente estaban prisioneros en un cuarto de la Jefatura Política. Algunos de los hombres de Orozco pedían la vida del jefe de los federales, del que se recordaba que había tenido que ver con las matanzas de Cerro Prieto, pero Madero estaba decidido a proteger a Navarro, y en este asunto era inflexible. El jefe rebelde se apresuró a tomar las medidas necesarias para proteger la seguridad de su prisionero en un atentado de insubordinación contra su persona, que ocurrió el 13 de mayo. Esa mañana se encontraba reunido con su Consejo cuando entró Pascual Orozco y declaró que el Presidente provisional era su prisionero. Afuera estaba Pancho Villa con ciento cincuenta soldados. Las tropas fueron traídas, al parecer, sin saber de lo que se trataba. Declarando en voz alta que prefería morir antes que rendirse, y que Orozco estaba expulsado de las filas revolucionarias, Madero se precipitó fuera del cuarto, sin permitir que los soldados encargados de su captura lo sujetaran, y logró arengar a los soldados, que terminaron aplaudiéndolo. Madero y Orozco reanudaron su altercado, pero se reconciliaron, gracias a la intercesión de algunos de los presentes, y se abrazaron. Una vez más el jefe revolucionario desplegó un extraordinario valor.

El acto de insubordinación de Orozco creó una considerable excitación. El doctor Vázquez Gómez se apresuró a asegurar públicamente que el incidente carecía de importancia, y Madero y Orozco se intercambiaron cartas públicas en un esfuerzo de probar la solidaridad que los unía. Villa fue separado del ejército revolucionario y se le dio una compensación extraordinaria, y Orozco, después de la pública reconciliación, se retiró a Casas Grandes, terminando así el infortunado incidente.

Al día siguiente de la rendición de Ciudad Juárez se reanudaron las pláticas de paz; Madero conferenció con Carbajal el 15 y 16 de mayo. La discusión prosiguió sobre las bases de la renuncia de Díaz y del nombramiento de De la Barra como Presidente interino. De la Barra nombraría un gabinete y catorce gobernadores aprobados por los revolucionarios. Después de que estas condiciones fueron aceptadas se arregló un nuevo armisticio por cinco días, que abarcaba toda la nación. El domingo en la mañana, 21 de mayo, en la casa de la aduana, el doctor Vázquez Gómez dictó a Sánchez Azcona el bosquejo del tratado de paz. Esa noche el padre de Madero, el doctor Vázquez Gómez y Carbajal se reunieron en el salón principal del Hotel Sheldon en El Paso. Pino Suárez no pudo ser localizado y no firmó el tratado hasta el día siguiente.

Los tres se dirigieron en un automóvil al edificio de la aduana en Ciudad Juárez, seguidos por otro carro que ocupaban periodistas. Encontraron la casa de la aduana cerrada. Por tanto, a la luz de los faros del carro el famoso tratado de Ciudad Juárez fue firmado. El pacto disponía que las renuncias de Díaz y Corral debían efectuarse a fines del mes, que De la Barra serviría como Presidente interino y convocaría a elecciones generales, que las hostilidades cesarían bajo el entendimiento de que las fuerzas revolucionarias serían licenciadas y que el gobierno interino atendería los deseos populares con miras a satisfacerlos y que también dictaría las medidas necesarias para indemnizar por los daños causados por la Revolución. Estos conceptos significaban un compromiso del nuevo gobierno. Infortunadamente, México no estaba preparado para la democracia política, y el existente sistema institucional había probado e iba a probar que era ineficaz para producir los cambios revolucionarios.

El 24 de mayo se reunió una multitud en el Distrito Federal clamando su adhesión a la causa revolucionaria y exigiendo la renuncia de Díaz. Un crecido número de ciudadanos se reunió cerca del edificio de la Cámara, ansioso de conocer el texto de la renuncia esperada. Sin embargo, el envío del mensaje fue retardado y la muchedumbre tronaba con protestas, mezclando los vítores a Madero y a la Revolución con el siniestro *¡Muera Díaz!*

Muchos se dirigieron a la casa del Presidente, en la calle de Cadena, a pedirle la renuncia, pero la presencia de tropas federales hizo que la muchedumbre solamente gritara.

En otros lugares de la ciudad hubo choques entre la policía y los ciudadanos. En la plaza principal, una tremenda masa del pueblo se reunió cerca del Palacio Nacional. Por cuatro veces la policía montada trató de dispersar a la gente, apoyada en la última tentativa por rifleros colocados en las torres de la Catedral y por ametralladoristas en el tejado del Palacio. Hubo muchas bajas en este final e inútil juego del garrote porfiriano. La carnicería pudo haber sido peor, pero una fuerte lluvia ayudó a dispersar a la irritada muchedumbre.

Al día siguiente mucha gente aparentemente pacífica se reunió cerca de las puertas de la Cámara de Diputados. Cantaban el Himno Nacional y lanzaban vivas a Madero. De vez en cuando se escuchaba un grito a favor de De la Barra. Esa tarde Porfirio Díaz, de mala gana, presentó su renuncia. Explicó que renunciaba a su cargo "respetando, como siempre había respetado, la voluntad del pueblo" y para evitar "la continuación del derramamiento de sangre, la ruina del crédito de la nación y el [peligro] de un conflicto internacional". De la Barra, al asumir la presidencia interina, prometió elecciones libres y declaró que bajo ninguna circunstancia aceptaría la candidatura en la próxima campaña electoral.

El 26 de mayo Francisco I. Madero lanzó un manifiesto dirigido al pueblo. El caudillo renunciaba a la presidencia provisional y aseguraba que los principios de la Revolución habían triunfado. Como jefe del movimiento revolucionario, Madero prometió su cooperación al gobierno. "...Desde el momento que fui quien promovió la Revolución, y que me considero como jefe del partido de ella emanado, tengo el sagrado deber de contribuir al restablecimiento del orden y de la paz pública".

La cooperación era el tema de todas las conversaciones, pero en Veracruz, el último día de mayo, un anciano se embarcaba hacia el exilio, convencido de que su método era el único eficaz para gobernar a México.

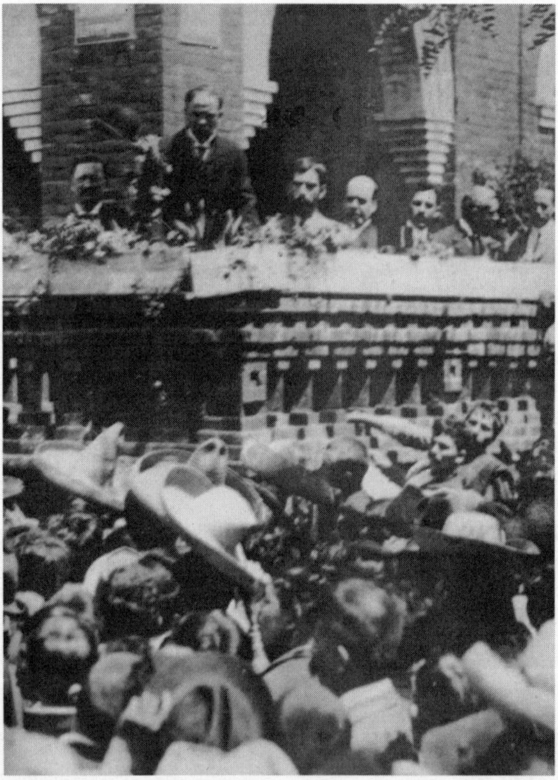

Madero le habla al pueblo desde la terraza de su casa.

CAPÍTULO VI

Un resultado extraño

El primero de junio, Madero estuvo listo para salir hacia la capital. En cada estación de ferrocarril, grandes muchedumbres se congregaban para ver y oír al victorioso jefe de la Revolución. A pie y a caballo, el pueblo de México acudía para ver a Madero. El tren se movía lentamente a través de las fértiles tierras de la parte central de México, en una marcha triunfal sin precedente. Madero llegaría a la estación Colonia, de la capital, a las diez de la mañana del 7 de junio. Esa madrugada México fue sacudido por un temblor. Tal vez fue un augurio, pero siendo así, ¿qué es lo que auguraba? Como prueba de que no se desanimaría el entusiasmo popular, se cantaba el siguiente cuplé:

Cuando Madero llegó,
hasta la tierra tembló.

El fenómeno natural llenó de gente las calles de la ciudad, y las multitudes permanecieron jubilosas para ver al apóstol. La estación y las calles entre ésta y el Palacio Nacional estaban colmadas por el gentío. Cada lugar ventajoso a lo largo de la ruta, incluyendo los techos de las casas y las estatuas del Paseo de la Reforma, estaba ocupado por la avasalladora masa humana. Finalmente, poco después del medio día, el tren llegó a la estación. Las campanas de la Catedral y de noventa iglesias tañían el alegre mensaje de la llegada del héroe civil. Sonaban las sirenas de las fábricas y los silbidos de las locomotoras de varias estaciones se mezclaban a la alegría. Parecía que los íntimos sentimientos de un pueblo entero se habían desencadenado en un explosivo momento de emoción.

Madero tardó más de una hora recibiendo los primeros saludos y abriéndose camino a través de la multitud que llenaba la estación. Un grupo de trabajadores le presentó una banda tricolor y ellos mismos se la pusieron en el hombro derecho. Un carruaje tirado por cuatro soberbios caballos, montados por palafraneros y guiados por caballerizos que vestían casacas rojas, lo esperaba para conducirlo por el Paseo de la Reforma hacia Palacio. Cuando Madero pasaba se oían vivas, taconeos, aplausos y sonar de cuernos. Muchos arrojaban flores y ramas verdes al carro. Se estimó que cien mil personas aplaudieron delirantemente a Francisco I. Madero.

La procesión triunfal siguió hacia el Palacio Nacional, donde el jefe revolucionario y su comitiva fueron recibidos por el Presidente interino De la Barra. Después de una corta conversación, Madero y De la Barra salieron al balcón central del edificio para ser aclamados por la multitud que ocupaba la plaza. Un agudo observador podría haber notado signos de una situación extraña ese día de junio. El pueblo desbordado aplaudía a Madero, el victorioso líder de la Revolución, mientras que otro hombre ocupaba el Palacio Nacional.

Por desgracia la anomalía no terminaba allí. El periodo presidencial interino fue un grave error político. Lo que se necesitaba para el restablecimiento de la paz era un gobierno fuerte, animado por un deseo de satisfacer las aspiraciones del pueblo. En cambio, el periodo interino estuvo lleno de ambigüedad y confusión, limitándose el gobierno a dejarse llevar por la corriente. Madero, demasiado confiado en De la Barra, cuyo gobierno consideraba como la antesala del suyo propio, erróneamente creía que el Presidente interino, que dependía de la Revolución que lo había elevado al poder, era incapaz de actuar bajo su propia iniciativa.

De la Barra se quejaba con frecuencia de que su gobierno era obstaculizado por la intervención de Madero. Por un lado, la presencia de Madero y su prestigio como jefe victorioso de la Revolución, anulaba la eficiencia de De la Barra; por el otro, el gobierno interino, aunque transitorio, demostró ser muy dañino a la causa revolucionaria. El interinato se encaminaba a privar a Madero de su personalidad y de su fuerza. Durante estos pocos meses se desarrollaron hondas y peligrosas desavenencias entre los jefes revolucionarios. Lo peor de todo era que el gobierno interino, en vez de darle a la Revolución carácter legal, parecía que tendía a restaurar la situación que existía en el régimen anterior. La Revolución victoriosa estaba representada por una minoría en casi todas las esferas gubernamentales.

Los representantes de la minoría de la Revolución en el gabinete eran el doctor Vázquez Gómez en Instrucción Pública, Emilio Vázquez en Gobernación y Manuel Bonilla en Comunicaciones. Bajo la autoridad de los miembros del Ejecutivo, la anterior burocracia porfiriana permanecía en su puesto y dirigía los asuntos públicos, aunque se ofrecieron empleos a los revolucionarios. La práctica de utilizar solamente a personas experimentadas para desempeñar estos puestos sin tomarse en cuenta su afiliación a la dictadura fue la inevitable consecuencia del compromiso de Ciudad Juárez y de la política de conciliación.

El personal de la Suprema Corte fue el mismo, y la XXV Legislatura, última del periodo de Díaz, siguió siendo el órgano legislativo durante el gobierno interino. Aunque Madero esperaba que la Cámara aceptaría las consecuencias de la victoria revolucionaria, los miembros del Congreso, compuestos en su gran mayoría de simpatizadores del régimen anterior, no las aceptaban.

La situación revolucionaria era la misma en los Estados y en los gobiernos locales; sin embargo, como resultado de la victoria fueron nombrados gobernadores recomendados por Madero y sus amigos. La mayoría de sus designaciones fue bien recibida por el pueblo de los respectivos Estados; todos los designados eran civiles, y todos, menos dos, en contraste con el régimen de Díaz, oriundos de los Estados en donde eran nombrados gobernadores. Sin embargo, las anteriores legislaturas conservadoras de los Estados permanecían en funciones, y el conflicto fue la orden del día entre las dos tendencias de los gobiernos provinciales.

La situación se hizo más difícil debido a la insistencia de Madero en que los gobernadores provisionales observaran una posición neutral e imparcial con respecto a las elecciones estatales. Esta insistencia en que se observara la neutralidad, aunque admirable e idealista, significó la dependencia de las fuerzas federales, la pérdida del apoyo popular y el aumento de gobernadores conservadores. Por otra parte, los periódicos conservadores eran los más numerosos e incluían a los órganos más importantes.

Fue muy inquietante para los partidarios del orden, la continuación de los disturbios después de terminar el conflicto revolucionario. La seguridad de que se gozaba bajo la dictadura en el medio rural parecía haber desaparecido. El bandidaje y la falta de disciplina de algunos jefes revolucionarios y de sus tropas era sólo una explicación parcial de las condiciones existentes. En Chihuahua, Durango, Jalisco, Hidalgo y especialmente en Puebla y Morelos, las propiedades rurales eran invadidas y retenidas por grupos de campesinos. Éstos eran los principios del descontento rural y avisos de la urgente necesidad de la reforma agraria. Los trabajadores también manifestaron su descontento con huelgas fáciles de declarar a causa de la libertad de que ahora gozaban y por la relativa tolerancia de las autoridades.

El gobierno de De la Barra tenía que enfrentarse a cuatro problemas graves: la pacificación del país y la restauración del orden; el reembolso de los gastos ocasionados por la revolución, el licenciamiento de las fuerzas revolucionarias y la preparación de las elecciones presidenciales.

Si el pacto de Ciudad Juárez fue el error más grande cometido por Madero, el licenciamiento de las fuerzas rebeldes, que estaba incluido en el convenio, fue su segundo error.

Los revolucionarios, entre ellos Emilio Vázquez, instintiva y enérgicamente se oponían a esta medida. Muchos simpatizantes indicaron a Madero los peligros que esta política envolvía. El programa de licenciamiento se encontró con tantas dificultades que el 19 de junio el Presidente De la Barra dictó un decreto sensacional, proclamando que todos los revolucionarios que no se hubieren licenciado para el 1o. de julio serían considerados como bandidos, perseguidos y aniquilados. Ningún ultimátum de esta clase con respecto al licenciamiento se había incluido en el tratado en Ciudad Juárez.

Una complicación posterior se debió al hecho de que los insurgentes, especialmente los del Sur, miraban al ejército federal con temor y odio. Los conflictos entre las fuerzas revolucionarias y los federales eran numerosos después que se firmó el tratado; éstos ocurrieron en Hidalgo, Toluca, Pachuca y Torreón. Un encuentro sangriento ocurrió en Puebla. La lucha tuvo lugar la víspera de la visita de Madero a la ciudad y terminó con la matanza de los insurgentes que estaban acuartelados en la Plaza de Toros, por las tropas del coronel Blanquet. A la mañana siguiente Madero trató de calmar los ánimos, ordenando a los revolucionarios, a quienes culpaba de este hecho por su falta de disciplina, retirarse a las afueras de la ciudad. Después procedió a cumplir sus compromisos sociales. Los insurgentes, muchos de los cuales consideraban que sus fuerzas habían sido provocadas, se sintieron abandonados y traicionados. Los esfuerzos de Madero, encaminados a cumplir el convenio de restablecer el orden y la paz, le estaban costando la pérdida de sus medios de defensa y de sus partidarios.

El licenciamiento de las fuerzas revolucionarias era un proyecto costoso y difícil. A fines del periodo interino, De la Barra informó que el costo de la pacificación del país había excedido la suma de cinco millones de pesos. Por último, la más seria situación suscitada después del licenciamiento de las tropas y de las luchas entre los revolucionarios y los federales fue la referente a las fuerzas de Emiliano Zapata, que permanecían en el Estado de Morelos.

CAPÍTULO VII

El presidente interino

Los conservadores aplaudieron la conducta seguida por De la Barra, a quien llamaron "El presidente blanco" y también "El presidente puro". Los revolucionarios, por su parte, discutían ese calificativo, teniendo en cuenta el conjunto de la actuación del Presidente provisional, particularmente la política seguida en Morelos. Una combinación de factores produjo una situación explosiva en ese Estado. Los hacendados gozaban de una supremacía económica y política que tenazmente se resistían a ceder. La masa de la población, que carecía de tierras, era el testimonio mudo de la necesidad de la reforma agraria.

La Revolución de Madero fue apoyada instintivamente como el medio de lograr un cambio rápido y fundamental. Cuando Madero llegó a la ciudad de México fue recibido por Emiliano Zapata y su Estado Mayor. El día siguiente, después de almorzar, el caudillo revolucionario conferenció con el general, de treinta y ocho años de edad, sobre la situación y los problemas de su Estado. Zapata era alto, moreno y usaba grandes bigotes; expuso la urgente necesidad de devolver la tierra a las comunidades. Madero le prometió que así se haría, pero después de un estudio cuidadoso y de acuerdo con las leyes. Los dos hombres estaban de acuerdo en el principio, pero diferían de opinión en cuanto al tiempo y la forma de actuar. Zapata invitó a Madero a visitar Morelos, para que viera por sí mismo las necesidades del pueblo.

Por respuesta a esta invitación y para llevar a cabo el licenciamiento de las fuerzas en el Sur, Madero emprendió una gira por Morelos y Guerrero, empezándola el 12 de junio. Durante esta visita, Madero hizo los arreglos para licenciar a las tropas revolucionarias. La despedida y el desarme empezó con Gabriel Robles Domínguez, que representaba a Madero, quien regresó a la ciudad de México el 16 de junio.

De acuerdo con los zapatistas, el desarme se hacía en los plazos señalados, pero los elementos conservadores declararon que no era rápido ni efectivo y que los disturbios continuaban en el

Estado. Aun corrió el rumor de que el jefe de Morelos se había levantado en armas en contra del gobierno. Contradiciendo estas acusaciones, Zapata se presentó en la capital el 24 de junio para conferenciar con Madero. Una vez más el hombre de Morelos le habló acerca del problema de la tierra, y una vez más Madero le indicó que éste era un asunto difcil, que debería ser resuelto de acuerdo con la ley. Zapata reafirmó sus deseos de completar el desarme de sus fuerzas y Madero se puso de acuerdo en el cambio de gobernador del Estado. Sin embargo, durante el mes siguiente continuaron circulando las noticias de que Zapata se resistía a disolver su ejército.

Mientras Madero trataba de pacificar Morelos y al mismo tiempo complacer a los zapatistas tanto como le fuera posible, hubo un cambio muy significativo en el gabinete del presidente De la Barra. El 3 de agosto, Alberto García Granados tomó posesión del Ministerio de Gobernación, reemplazando a Emilio Vázquez Gómez. La entrada de García Granados al gabinete coincidió con un incremento de las intrigas en Morelos.

De la Barra decidió licenciar a los zapatistas sin esperar los resultados de los esfuerzos de Madero hechos con ese fin, y García Granados ordenó el desarme total en agosto. Zapata, disgustado por estos acontecimientos, telegrafió a Madero, solicitándole el uso de su influencia para que la ejecución de la orden no se realizara. Insatisfecho por la respuesta de Madero, Zapata le envió un segundo mensaje pidiéndole una "franca y sincera respuesta" si no le fue posible hacerlo como le había sugerido en su primer mensaje. Alarmado por el tono de este mensaje, Madero resolvió ir a Morelos.

Madero salió de la capital precipitadamente con la intención de conferenciar con Zapata en Cuautla. Esa tarde recibió un comunicado de De la Barra, informándole que había ordenado al general Huerta proceder militarmente, si no se llevaba a efecto el inmediato desarme de los zapatistas. Si el desarme se llevaba a efecto, De la Barra prometía retirar las fuerzas federales y reponerlas por otras maderistas.

La columna de Huerta llegó a Cuernavaca el 10 de agosto, causando profunda desconfianza entre los insurgentes. Las fuerzas de Zapata cometieron varios actos de rebelión, incluyendo la captura de Jojutla y Yautepec, como una reacción contra la invasión federal. Obstrucciones del tráfico, causadas por los zapatistas, impidieron a Madero llegar a Cuautla, teniendo que regresar a la capital.

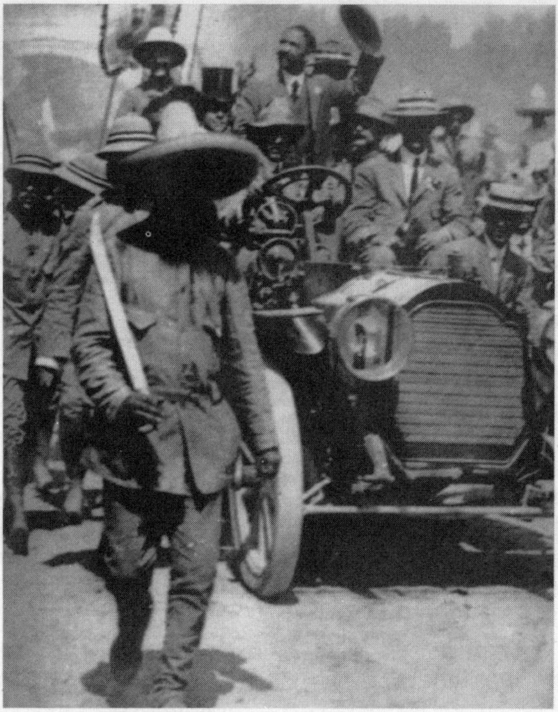

Madero llegando a Cuautla, Morelos.

A su llegada a la ciudad recibió un mensaje de Zapata en que culpaba de los hechos sangrientos a la intrusión federal y le pedía que usara su influencia para retirar a los federales de Morelos. Emiliano dijo al representante de Madero, Robles Domínguez, que no desarmaría a su gente hasta que la tierra hubiera sido devuelta a los campesinos. Así fueron formuladas brevemente las dos principales demandas de Zapata: evacuación de las tropas federales y tierra para los campesinos. Madero notificó a Zapata que trataría nuevamente de llegar a Cuautla, vía Cuernavaca.

A pesar de los esfuerzos hechos por varias personas para disuadirlo y de los rumores de peligro para su persona, Madero partió hacia Cuernavaca el 13 de agosto. Por teléfono conferenció con Zapata. A solicitud suya, el jefe de Morelos expuso el siguiente resumen de sus demandas: que la soberanía del Estado debía ser respetada, que se debía nombrar un nuevo gobernador del Estado que no fuera Ramón Oliveros; que el nuevo gobierno debía conducirse de acuerdo con las aspiraciones del pueblo, y que las fuerzas federales no debían ser las responsables de la seguridad de los ciudadanos. Zapata expresó su disposición de licenciar sus tropas, pero pedía que algunas de ellas fueran escogidas para preservar el orden en el Estado. Por último, declaraba que se sentía inclinado a retirarse a la vida privada. Madero transmitió a De la Barra la conversación telefónica que tuvo con Zapata.

De la Barra contestó afirmando su deseo de obtener una solución pacífica, pero declaraba la necesidad de "salvar el principio de autoridad y el decoro del gobierno", "protegiendo las vidas y las propiedades", y "la seguridad de que la paz será permanente". Sugirió que se nombrase a Ramón Oliveros, a quien Zapata había ya desechado como gobernador.

Madero salió para Cuautla el 17 de agosto, llegando allí en la tarde del día siguiente. En el jardín central de la ciudad pronunció un impresionante discurso, el cual, cuando fue publicado en resumen en la capital, causó una gran sensación.

Madero platicó con Zapata en un hotel de la localidad. Se logró un arreglo y Madero avisó a De la Barra que los zapatistas habían aceptado las condiciones del gobierno. Informó que aceptaban a Eduardo Hay para gobernador, pero que preferían a Miguel Salinas, y que les agradaba Raúl Madero como jefe de las fuerzas armadas de su zona. El licenciamiento empezaría al día siguiente, pero Madero urgía que las tropas federales fueran concentradas en Cuernavaca y retiradas del Estado "tan pronto como fuera posible", porque "es muy difícil de otro modo borrar la desconfianza de los zapatistas". Sin embargo, De la Barra, preocupado por las alarmantes noticias del gobernador Juan Carreón, ordenó al general Victoriano Huerta estar preparado para tomar las medidas necesarias para contrarrestar cualquier disturbio.

Mientras Madero continuaba esforzándose por la pacificación, el general Huerta, con órdenes del gobierno, hacía sospechosos movimientos que despertaban temores a los insurgentes de Morelos. La preocupación de Madero acerca de Huerta fue justificada el 19 de agosto, cuando el jefe federal movilizó sus tropas y marchó amenazadoramente hacia Yautepec, no lejos de Cuautla. Madero protestó rápidamente ante De la Barra porque esa maniobra había interrumpido el desarme de las fuerzas revolucionarias y empeoraría la situación si las tropas no eran retiradas.

Al día siguiente, Madero continuó tenazmente sus esfuerzos para conseguir una solución pacífica. Antes de salir para Yautepec, para tratar personalmente de evitar un encuentro armado, escribió a De la Barra recordándole que los zapatistas estaban de acuerdo con las condiciones del gobierno y que buscaban solamente que la retirada de los federales coincidiera con el desarme de las fuerzas revolucionarias. "Usted dio su aprobación a estos arreglos, y el hecho de que haya habido uno que otro disturbio en el resto del Estado no justifica un ataque a los pueblos de Yautepec y Cuautla, donde todo ha permanecido en calma".

En presencia del urgente telegrama de Madero y de una imponente manifestación popular de protesta en la capital, De la Barra y su gabinete ordenaron a Huerta suspender toda acción hasta que Yautepec fuera evacuado por los zapatistas, quienes debían concentrarse en Cuautla para su desarme. Que la actitud del gobierno permanecía empecinada e irrazonable se confirmó por el ultimátum de que si Zapata se resistía al desarme de su gente, o no lo llevaba a efecto dentro de cuarenta y ocho horas, "todas las fuerzas serán concentradas en su contra". Madero fue informado de Yautepec que los zapatistas estaban de acuerdo en evacuar la ciudad y de proseguir hacia Cuautla para desarmarse. Recomendó que los rurales u otra fuerza aceptable ocupara Yautepec. Dijo a De la Barra: "Considero resuelto el conflicto, por lo que lo felicito cordialmente".

En realidad, parecía que la situación difícil había sido resuelta. Yautepec fue guarnecido por las fuerzas de Almazán, mientras que Huerta acampaba a corta distancia de él. Las tropas de Zapata estaban formadas en Cuautla y empezó el desarme por tercera vez, el 21 de agosto. A Madero le llovieron felicitaciones como mediador. De la Barra aseguró que "estoy sinceramente agradecido y lo felicito por su efectiva y espontánea intervención en ese asunto". Sin embargo, ese mismo día De la Barra le confiaba al encargado de negocios norteamericano que la "intervención de Madero es muy embarazosa".

Mientras tanto, los amigos de Madero en la capital empezaron a mirar a De la Barra con marcadas sospechas. El descontento de los maderistas rompió los diques en un editorial firmado por Sánchez Azcona y publicado en el periódico *Nueva Era*. El periodista afirmaba que "el gobierno del señor De la Barra había engañado al señor Madero o que el general Huerta había desobedecido o burlado al gobierno". De la Barra, extremadamente molesto, protestó contra el editorial, que "pone en duda la corrección de mi conducta y la veracidad de mis declaraciones".

El jefe revolucionario regresó a la Ciudad de México el 24 de agosto completamente satisfecho, pero plenamente convencido de que sus esfuerzos acerca de un arreglo pacífico habían fracasado. El día anterior el general Huerta había capturado Yautepec y avanzaba sobre Cuautla. Las protestas de Madero a De la Barra cayeron en oídos sordos. A causa de estas circunstancias, Madero escribió una larga carta a De la Barra en la que, sin ambigüedades, el jefe revolucionario condenaba la conducta del presidente interino. Esta carta marca el rompimiento formal entre los dos. Madero le recordaba que había llegado al poder merced a la Revolución y le citaba ejemplos de su apoyo y cooperación. Sin embargo, después le advertía que el día anterior "me dijo usted que quería que le dejasen con más libertad, dándome a entender que no quería que me mezclase para nada en los asuntos del gobierno. Como no me guía ninguna ambición personal ni soy impaciente ni timorato, estoy dispuesto a obsequiar sus deseos, y le aseguro a usted que no volveré a importunarlo con mis visitas".

El jefe revolucionario le advertía que mientras él continuara apoyando fielmente al gobierno, no podría impedir a sus partidarios y amigos atacar al presidente y sus ministros por las acciones que fueran acreedoras a la crítica. Madero aconsejó a De la Barra que no siguiera licenciando más tropas insurgentes. "Aunque usted crea en la lealtad del ejército federal, yo no tengo confianza en él mientras no se hagan los cambios de jefes, que tantas veces he indicado a usted y que usted me ha ofrecido hacer". En cuanto a Morelos, Madero afirmaba que había intervenido con riesgo de su vida para evitar un conflicto serio.

La reacción del jefe revolucionario en contra de la conducta del gobierno puede juzgarse por los mensajes que escribió el día siguiente a Zapata y a los otros jefes insurgentes del Sur. Les prometía que todos serían recompensados por sus servicios y aseguraba a Zapata que no aprobaba los ataques a los revolucionarios de Morelos por sus enemigos. El gobierno de De la Barra atribuyó cínicamente las actividades de Madero en Morelos a motivos políticos. Según las apariencias, el gobierno estaba decidido a seguir una política agresiva. Huerta continuó haciendo movimientos amenazadores y el 29 de agosto el gabinete aprobó las órdenes de proseguir la guerra y arrestar a Zapata.

Las hostilidades se rompieron ese mismo día con un encuentro entre las fuerzas federales y los zapatistas en Chinameca. Al oír la noticia del choque, Madero comentó: "Si hubieran atendido las indicaciones que yo hice desde Cuautla, Zapata no se habría sublevado".

En septiembre las fuerzas federales intensificaron el ataque, y Ambrosio Figueroa, enemigo personal de Zapata, fue nombrado gobernador del Estado en rebelión. Este marcial método político ayudó a fortalecer el movimiento zapatista. A fines del mes los rebeldes tomaron la ofensiva. La rebelión zapatista se extendió por todo Morelos y sus tropas avanzaron sobre Milpa Alta. El 24 de octubre este pueblo, en los límites entre Morelos y el Distrito Federal, fue asaltado por tres mil rebeldes. La derrota sufrida por el gobierno en Morelos y esta amenaza a la capital, solamente a unos pocos kilómetros de distancia, causó considerable pánico en la ciudad de México. Los conservadores se volvieron airados contra Francisco I. Madero.

Las repercusiones de la rebelión en Morelos y el clamor de la legislatura causaron una crisis ministerial. Renunciaron García Granados, González Salas y Francisco Vázquez Gómez. Ese mismo día, 26 de octubre, Madero hizo algunas declaraciones acerca de las dificultades en Morelos. Revisando los esfuerzos hechos para obtener una solución pacífica, el caudillo informó a la opinión pública de que el incumplimiento de la oferta hecha por el gobierno de nombrar gobernador a Eduardo Hay y el avance de Huerta fueron los motivos que impulsaron a Emiliano Zapata a rebelarse. Madero también declaró que no había tenido más contacto con Zapata porque el gobierno se opuso a su idea de enviar un emisario para ofrecer a Zapata salvoconducto para salir del país. Y ya que el general Huerta "había seguido una conducta verdaderamente inexplicable", él había recomendado, sin efecto, que se le sustituyera por otro jefe. Por último, Madero afirmaba que tan pronto él llegara a la presidencia, Zapata depondría las armas porque "sabe que yo llevaré a cabo los anteriores propósitos del gobierno, los que yo creí únicos medios de pacificar el Estado de Morelos".

El general Huerta, indignado por el ataque público de Madero, exigió que el caudillo revolucionario precisara los cargos que le hacía. El general escribió que había permanecido en Morelos "con la aprobación incondicional del señor presidente", y que no había hecho más que "batir victoriosamente a los rebeldes". Madero contestó detallando la mala conducta de Huerta. Acusaba al jefe federal de engaño, porque sostenía que no avanzaba sobre Yautepec, lo que era cierto, sino que más bien efectuaba maniobras militares. "Me pareció de justicia decir la verdad a fin de que se sepa quién provocó aquella guerra y a quién se debe que no se haya podido terminar". Para contrarrestar cualquier mal sentimiento creado por la controversia con Huerta, Madero escribió una carta refirmando su estimación hacia el ejército federal para que se publicara en *Nueva Era.*

De la Barra defendió públicamente su actitud, asegurando "la convicción profunda que tengo de que el Ejecutivo ha procedido, en este caso como en todos los demás, con la conciencia completa de sus deberes". Esta declaración no explica la intriga que envolvió los acontecimientos en Morelos, ni la justifica con la política de los partidarios del gobierno de De la Barra, de que las maniobras militares no estorbaban las negociaciones que estaban "destinadas al fracaso". Si las básicas demandas de Zapata hubieran sido satisfechas, es seguro que el insurgente de Morelos se habría sometido al gobierno.

CAPÍTULO VIII

Elecciones democráticas

Durante el periodo provisional ocurrió un rompimiento entre Madero y los hermanos Vázquez Gómez. Aunque los hermanos se habían movido lentamente, casi a disgusto, para enfilarse hacia el movimiento revolucionario, sobresalieron no sólo como sus defensores en el gabinete de De la Barra, sino también como opuestos al convenio de paz. La conducta de Emilio Vázquez como secretario de Gobernación fue la esencia del radicalismo. Trató de eliminar a personas que anteriormente estuvieron ligadas al viejo régimen y de sustituirlas por elementos revolucionarios. Esto le acarreó un conflicto con el presidente interino y con la mayoría de los conservadores del gabinete.

De la Barra nunca sintió entusiasmo por tener a Emilio Vázquez Gómez como miembro de su gabinete, y la conducta del ministro dio al presidente más motivos para sugerir a Madero el deseo de que Vázquez Gómez renunciara. Madero, por debilidad, o más bien debido a su espíritu conciliador, estuvo de acuerdo con esta medida. El asunto llegó a su culminación como resultado de una sesión del gabinete celebrada el 12 de julio. En vista de lo que consideraba como una situación política alarmante, Vázquez Gómez propuso que De la Barra renunciara y que Madero asumiera la presidencia. Este desacuerdo entre el ministro y el presidente no podía disimularse por más tiempo. La eliminación de Emilio Vázquez Gómez del gabinete se hacía ahora inevitable.

De la Barra exigió la renuncia de Emilio Vázquez Gómez, la que fue presentada el 2 de agosto. Sin embargo, el ministro redactó la renuncia en términos que echaban toda la responsabilidad sobre el presidente interino. Puntualizaba que por varias dificultades suscitadas entre él y De la Barra, quien representaba el conservadurismo del régimen anterior, mientras que él representaba el radicalismo de la Revolución, "el presidente ha tenido a bien ordenarme presente mi renuncia". Madero advirtió al doctor Vázquez Gómez que los términos de la renuncia eran "inadecuados y que tendría que hacer una declaración manifestando que el presidente trabajaba de acuerdo con él y que procedía correctamente al retirar a Emilio".

Madero negó la veracidad de la declaración de Emilio, asegurando que había sido retirado de su puesto "por falta de tacto para manejar cuestiones delicadas", y que el presidente, para evitar dificultades con el partido revolucionario, le había consultado acerca del asunto. La eficiencia de la política conciliatoria de Madero es algo de lo más importante de su conducta.

La dimisión de Emilio Vázquez Gómez creó una excitación considerable. *El Demócrata* declaró que el incidente era el "suicidio de la Revolución", y un grupo de jefes insurgentes protestó públicamente, insinuando que retiraban su apoyo a Madero. El caudillo revolucionario no se dejó intimidar. Comunicó al doctor Vázquez Gómez que "hiciera saber a los disidentes jefes rebeldes que no me asustan con sus amenazas y que si no cambian su actitud, me moveré enérgicamente en contra de ellos".

Con la renuncia de Emilio Vázquez Gómez no cabía la menor duda sobre el rompimiento de relaciones entre Madero y el doctor Vázquez Gómez. Los dos hombres diferían en antecedentes y sus puntos de vista habían chocado con respecto al plan conciliatorio con Porfirio Díaz cuando Madero estaba preso, a la conveniencia de la Revolución, a la eliminación de Limantour y al desarrollo del periodo provisional. De hecho, la actitud y conducta de los hermanos Vázquez Gómez en el gabinete hacían ilógica, si no imposible, la fórmula Madero-Vázquez Gómez en las elecciones presidenciales.

El primer paso encaminado hacia la cancelación de la fórmula Madero-Vázquez Gómez fue el manifiesto de Madero del 9 de julio de 1911, en el que declaraba que el Partido Antirreeleccionista había terminado, y anunciaba que se estaban dando los pasos necesarios para la formación del que se llamaría Partido Constitucional Progresista. Para justificar esta disposición se basaba en que la Revolución había hecho imposible la continuidad del Partido Antirreeleccionista, prometiendo que la nueva organización llenaría el programa constitucional de San Luis Potosí. Madero nombró un comité compuesto de veintidós personas para organizar el nuevo partido.

Con esta maniobra del jefe revolucionario se arrogaba facultades que en realidad no poseía, y con justicia fue considerado así por los individuos prominentes de su partido. El doctor Vázquez Gómez protestó, alegando que esto causaría la división de las filas revolucionarias. Madero escribió al doctor, informándole que su candidatura para la vicepresidencia había sido discutida por los miembros del comité y que había sido aceptada, y expresándole que se le había hecho imposible evitar una nueva convención.

El 27 de agosto, cerca de mil quinientos delegados se reunieron en el Teatro Hidalgo para celebrar la Convención del Partido Constitucional Progresista. Solamente hubo pequeñas desavenencias en la cuestión de programa. Esencialmente el programa antiguo antirreeleccionista fue aceptado bajo las siguientes condiciones: reforma del poder judicial, con el fin de hacerlo más eficiente; reforma de los procedimientos judiciales para dar más garantías a los individuos; el restablecimiento de la autoridad en los procedimientos civiles; la promulgación de una ley que fuera favorable a la creación de pequeñas propiedades rurales; establecer impuestos equitativos; la abolición de la pena de muerte, y la introducción de elecciones directas.

Madero fue elegido candidato y se envió una comisión para notificarle su nombramiento.

Madero se dirigió a la Convención el 31 de agosto, dando su aprobación a la designación y al programa. Sin embargo, expresó la creencia de que los delegados tenían el derecho de saber cómo él interpretaría y ejecutaría el programa. Habló acerca de la necesidad de garantizar la libertad de prensa para que cumpliera su misión, y de la necesidad de establecer el principio de "no reelección" en la Constitución. Prometió que atendería de un modo muy especial la instrucción pública, "porque de esto depende el futuro de la nueva generación, la que formará los ciudadanos del mañana. La escuela debe llegar hasta el último villorrio, la última hacienda y hasta el más pequeño rancho, para que todos los mexicanos reciban el beneficio de la instrucción".

El candidato sabía que animar al pequeño agricultor, "la base más firme de la democracia", era otra necesidad. "Sin embargo, este desarrollo debe hacerse gradualmente, con estudios previos, para asegurar el principio de propiedad". Una vez más Madero reconoció la falta de distribución de la propiedad y la necesidad de una revisión. Aunque su actitud era resuelta en favor de una solución gradual, esto ofrecía dificultades, en vista de las urgentes e incesantes demandas para la ejecución de la reforma agraria.

Las diferencias terminaron cuando empezó la discusión para nominar el candidato a la vicepresidencia. Cuatro personas fueron propuestas: Fernando Iglesias Calderón (por los recién organizados liberales antirreyistas, que no estuvieron afiliados a la organización de Los Ángeles), el doctor Vázquez Gómez (por el Centro Antirreeleccionista), Pino Suárez (por el grupo de Madero) y Robles Domínguez (por la fracción democrática).

La discusión fue mordaz y tumultuosa. El voto inicial limitó la elección a Vázquez Gómez y Pino Suárez, quedando los otros eliminados, y el acalorado debate se renovó. Pino Suárez, revolucionario de cuarenta años de edad, de la península de Yucatán, fue electo como colaborador de Madero.

Lejos de aceptar la derrota, los vazquistas levantaron el grito de imposición. Mas si hubo imposición, ésta había sido en el partido, y no en la nación. El hecho de que Madero se condujera legalmente y ejerciera el derecho de preferir un colaborador que no estuviera en desacuerdo con su criterio, no hacía para aquéllos el caso diferente. Los revolucionarios disidentes lanzaron el grito de descontento y los conservadores fácilmente les hicieron eco.

Cuando reanudó sus giras electorales, Madero se vio en la necesidad de defender la nueva fórmula. Encontró diversos grados de oposición que encaró con valentía, pero la división persistió y los vazquistas votaron por el doctor para vicepresidente.

En otro desgraciado suceso de esta elección se vio envuelto el general Bernardo Reyes. A este jefe militar se le había permitido, con la aprobación de Madero, regresar a México a principios de junio. Poco tiempo después de su llegada conferenció con Madero y De la Barra en el Castillo de Chapultepec. Se acordó que Reyes declinara cualquier candidatura que se le ofreciera y que pidiera a sus partidarios que apoyaran a Madero, quien, si resultaba electo, nombraría al general Reyes ministro de la Guerra. Reyes justificó su actitud como un gesto patriótico para evitar la conmoción que podía acompañar a una lucha electoral, en vista de la enorme popularidad de Madero.

La reacción inmediata a este convenio fue favorable. Sin embargo, *El Mañana* expresó su inconformidad porque el general hubiera decidido declinar su candidatura. Más aún, muchos revolucionarios no quedaron satisfechos y esto parecía proporcionar a Madero la cooperación de Reyes. Madero recordó a quienes desconfiaban que Reyes siempre había sido fiel al gobierno constituido. El candidato rechazó la idea de que Reyes hombre de disciplina y de honor, prefiriera la rebelión.

El candidato tuvo que arrepentirse de su compromiso con Reyes. Las protestas empezaron a manifestarse. Además era evidente que Reyes no retenía ya la fuerza que anteriormente poseía. Y Reyes también se arrepintió de su gesto de abnegación. Aprovechando la coyuntura que le proporcionó una carta de Madero del 16 de julio, Reyes lo visitó en Tehuacán el 7 de agosto para manifestarle que había decidido aceptar la candidatura para la presidencia de la República.

Los reyistas empezaron su campaña y Madero recibió noticias que los acusaban de conspirar. El 3 de septiembre, los partidarios del general organizaron una manifestación en la capital. Una multitud, que se dijo ser organizada y soliviantada por partidarios de Madero, amenazó y prácticamente cercó a los reyistas. Cuando Reyes llegó a la calle de San Francisco (hoy día avenida Francisco I. Madero) y trató de calmar a la multitud, fue apedreado. A pesar de los esfuerzos conciliatorios de personas pertenecientes a ambos bandos, quienes celebraban reuniones con el fin de detener la agitación, y a pesar de la seguridad de Madero y De la Barra de que Reyes tendría todas las garantías necesarias, el general, en vista de los ataques y críticas desatadas por los revolucionarios extremistas, decidió no proseguir la campaña y prefirió exiliarse.

El 22 de septiembre el general Reyes dio instrucciones a sus partidarios de alejarse de las mesas electorales. Seis días más tarde se embarcó cautelosamente en Veracruz. En un mensaje de despedida, Reyes encareció a sus partidarios que permanecieran activos "para obtener las garantías de que hoy día carecían". Aunque la candidatura de Reyes fue apenas apoyada, el torbellino causado por el rompimiento con Madero se sumó a la confusión del momento.

La eliminación del general Reyes del cuadro electoral no causó escasez de candidatos. Se organizó un Partido Católico, que aceptó a Madero como candidato para la presidencia. Esta resolución fue tomada "porque oponerse entonces al triunfo de Madero era ir al fracaso, ya que la inmensa mayoría de los mexicanos llegó a constituir el apoyo decisivo del jefe revolucionario". Los miembros del Partido Católico decidieron concentrase y hacer lo posible para que De la Barra ganara la vicepresidencia. El presidente provisional no aceptó la designación del Partido Católico, ni insistió en retirarla.

Un grupo que se hacía llamar Partido Liberal Radical fue aún más lejos, nombrando a De la Barra como su candidato para la presidencia. Y había más partidos y candidatos. Jorge Vera Estañol anunció la formación del Partido Popular Evolucionista. Su tesis principal era que las reformas necesarias debían establecerse a través de medidas evolucionistas dentro de la ley. Varias veces atacó a Madero de nepotismo y cesarismo, y a la Revolución, de militarismo y de anarquismo, pero su programa atrajo solamente a unos pocos intelectuales. El Centro Antirreeleccionista postuló la candidatura de Emilio Vázquez Gómez, mientras que el Partido Liberal apoyaba a Iglesias Calderón.

Madero urgió fijar la fecha de las elecciones lo más pronto posible. Se señaló el 1o. y 15 de octubre para las elecciones. Éstas se celebraron en el tiempo señalado y sin duda alguna fueron las más limpias, entusiastas y democráticas de la historia mexicana. La voluntad del pueblo se respetó y los resultados lo probaron. El pueblo votó en la elección primaria por los electores —uno por cada quinientos habitantes—, quienes, a su vez, votaron en la elección secundaria para la presidencia y vicepresidencia. Las mesas electorales arrojaron los resultados siguientes:

Para presidente	*Para vicepresidente*
Madero 19,997	Pino Suárez 10,245
De la Barra 87	De la Barra 5,564
Emilio Vázquez Gómez 16	F. Vázquez Gómez 3,373
Otros 45	Iglesias Calderón 173
	Otros 51

El 2 de noviembre Madero y Pino Suárez fueron declarados electos.

El gobierno interino de Francisco León de la Barra había durado cinco meses y diez días. En obsequio de la cooperación y de la legalidad, Madero había cometido un grave error político. En vez de asumir el poder como jefe revolucionario en el momento de la victoria, unánimemente apoyado por sus partidarios, subía hoy al poder con su prestigio y popularidad disminuidos, con sus partidarios divididos y con desórdenes continuos en el país. Este periodo había envalentonado a los conservadores y ofrecido los motivos del rompimiento entre Madero y los hermanos Vázquez Gómez, Reyes y De la Barra.

La actuación del presidente interino fue tema de agrias discusiones. Aunque elevado al poder por la Revolución con el propósito de legalizarla, el presidente interino, ya sea por engaño o por convicción, rehusó el papel que se le había asignado. La política seguida en Morelos sólo sirvió para crear condiciones de disturbios y rebeliones. Todas sus acciones tendían a fortalecer el régimen anterior y a debilitar el nuevo. Menos de dos semanas antes que Madero ocupara la presidencia, De la Barra, confidencialmente, le manifestó al embajador Wilson su "seria preocupación acerca del futuro gobierno de Madero". También vio un peligro en la "falta de aptitud de Madero para la labor ejecutiva, y ponía en duda su adhesión a los verdaderos principios de gobierno". De la Barra fue el presidente "multicolor" de los revolucionarios.

CAPÍTULO IX

Madero en la presidencia de la República

Entre los aplausos atronadores de la multitud, Francisco I. Madero llegó a la Cámara de Diputados el día 6 de noviembre de 1911, para prestar el juramento de ley al asumir la presidencia de México.

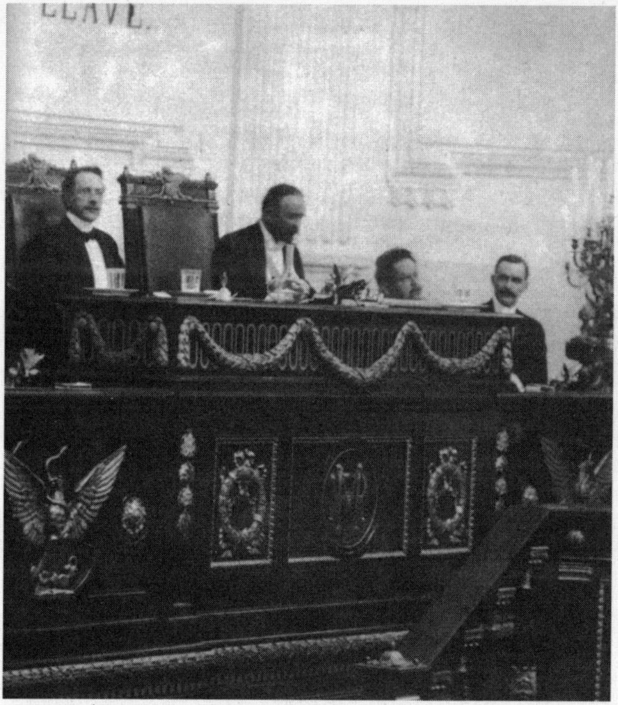

Francisco I. Madero ante el Congreso de la Unión.

La ascensión de Madero a la presidencia fue aclamada de una manera sin precedente. Indudablemente, la palabra más lisonjera para Madero fue que se le llamara símbolo; símbolo de la Revolución, que lo era, y símbolo de reformas, que se creía que iba a ser. Con frecuencia se ha dicho que Madero fue un pobre administrador y un presidente inepto. Lo alarmante de estas afirmaciones fue que llegaron a ciertas dependencias antes que Madero asumiera el poder. Le faltaba la complexión emocional que se requería en una posición política de gran responsabilidad, pero las condiciones y circunstancias de los quince meses que ocupó el poder hacen difícil una justa valoración de su gobierno.

Dos grandes fuerzas en el país continuaron criticando, atacando y amenazando destruir al nuevo Poder Ejecutivo. Por un lado estaban los defensores del régimen porfirista, la burocracia, el clero y los intereses extranjeros. Estaban atrincherados, y el periodo de interinidad les había impedido rehacer sus filas. Dominaban en la legislatura, en el poder judicial, en el servicio civil, en la prensa y en el ejército. Con la excepción de algunos revolucionarios convertidos en fuerza federal, Madero tuvo que depender del viejo ejército federal.

Por otro lado estaban las exigencias de los elementos de la Revolución. Con las aspiraciones inculcadas y estimuladas, el pueblo esperaba y exigía grandes cambios económicos y sociales. La rebelión de Zapata, originalmente fomentada por la acción de los elementos conservadores, fue el resultado de esas exigencias y produjo otra amenaza a la estabilidad y un quebranto de los recursos del gobierno de Madero. Las huelgas en la ciudad, los disturbios en las zonas rurales y un número de rebeliones locales contribuyeron a la difícil situación que Madero tenía que resolver desde el poder.

Madero sobrellevó este difícil periodo con una sonrisa que expresaba su confianza. Por su filosofía y optimismo natural, supo que su victoria electoral fortificaba y exaltaba la confianza en sí mismo, en su destino y en el futuro democrático de México. Este conocimiento de la legalidad de su gobierno y la convicción de que había ganado con el apoyo del pueblo, apoyo que retendría en lo sucesivo, explican su complacencia ante los ataques de la prensa, las conspiraciones, rebeliones y levantamientos.

El gabinete de Madero estaba compuesto de conservadores y revolucionarios, teniendo la mayoría los primeros. Del gabinete de De la Barra continuó un grupo conservador, compuesto de Manuel Calero, en Relaciones Exteriores; Rafael Hernández, en

Fomento y Ernesto Madero, en Hacienda, y reforzado por Manuel Vázquez Tagle como jefe del Departamento de Justicia. Estos miembros del gabinete impedían cualquier cambio en la política y obstruían cualquier medida dirigida a las reformas necesarias. Vázquez Tagle usó su posición para oponerse a los revolucionarios y, por lo tanto, llegó a ser el blanco principal de sus ataques contra los elementos conservadores del gabinete.

Los miembros de éste que eran revolucionarios, allegados personales de Madero, incluían a González Salas (Guerra), Manuel Bonilla (Comunicaciones), Abraham González (Gobernación) y Miguel Díaz Lombardo (Instrucción Pública). Estos hombres eran el blanco de la prensa conservadora. En realidad, las quejas en contra de sus ministros eran tan numerosas que Madero exclamó: "Si me pongo a satisfacer a cada uno me quedaría sin colaboradores".

El primer cambio de importancia en el gabinete fue el resultado de la rebelión de Orozco en el Norte. Abraham González se vio en la necesidad de regresar a Chihuahua y tuvo que renunciar a su cartera. Jesús Flores Magón fue propuesto por el secretario de Justicia para el cargo de ministro de Gobernación en lugar de González. Unos pocos días más tarde, el ministro de la Guerra, González Salas, a quien se responsabilizara por el incremento de la revuelta de Orozco, solicitó su incorporación a las filas de las fuerzas que combatían a éste; fue reemplazado por el general Ángel García Peña. Uno que otro cambio que hubo por este tiempo fue debido al deseo de Madero, influido por su hermano Gustavo, de poner en el gabinete a Pino Suárez, vicepresidente. Díaz Lombardo renunció para permitir que Pino Suárez fuese nombrado ministro de Instrucción Pública.

Gustavo Madero y el vicepresidente maniobraron para eliminar a Calero del gabinete. A principios de abril, el ministro de Relaciones Exteriores fue nombrado embajador en Washington, una maniobra que Madero sabía que significaba una honorable retirada y que le permitía continuar usando su indiscutible talento. Calero fue reemplazado por Pedro Lascuráin, a quien el embajador Wilson consideraba como "un prominente, rico y excelente hombre, perteneciente a una antigua familia mexicana".

El nuevo gabinete tenía tan profundas divisiones como el viejo. En noviembre, Madero, bajo las instigaciones de Pino Suárez, acordó remover a Jesús Flores Magón de la Secretaría de Gobernación. Entonces se sugirió que se invitara a Luis Cabrera para formar parte del gabinete. Sin embargo, como el nombramiento de éste era para la cartera de la principal rama de la administración interna, lo que hubiera significado un cambio de política y el abandono de la de conciliación, se pensó mejor nombrarlo ministro de Fomento, donde podía usar sus energías para resolver el problema agrario. La influencia de Ernesto Madero, Francisco Madero, Hernández y Lascuráin hicieron que el presidente desistiera de ese nombramiento. En su lugar se nombró a Hernández, ministro de Gobernación; Manuel Bonilla fue transferido al Ministerio de Fomento, y Jaime Gurza, ministro de Hacienda, fue promovido al Ministerio de Comunicaciones.

El gabinete de Madero, compuesto por todas las facciones, no dio resultado. Las querellas de sus miembros tendían a desacreditar al gobierno, y el presidente fracasó en sus intentos por moderar o terminar las controversias. En la cima de la política administrativa había algunas personas que no simpatizaban con la Revolución y otras que se oponían a ella. Y ésta no era la única acusación dirigida en contra de Madero y de su gobierno. La presencia de sus familiares en los asuntos de Estado hizo que el grito de nepotismo fuese inevitable.

La necesidad de tener amigos o personas responsables para ocupar los puestos claves, tan descuidada por Madero y tan vital en el programa político mexicano, no fue olvidada por algunos de los colaboradores del gobierno. El diputado Gustavo Madero, quien lealmente había seguido apoyando a su hermano, era un ferviente admirador de los métodos prácticos de la anterior política mexicana. Reconocía el peligro de las derechas y la necesidad de un gabinete revolucionario. Trabajó por conseguir ese fin, logrando solamente un pequeño éxito. Gustavo se empeñó en ser el director político del gobierno de su hermano y del Partido Progresista Constitucional. Intervenía en las elecciones parlamentarias y de los Estados, y trataba de organizar y manejar a los partidarios del gobierno en el Congreso.

Francisco I. Madero estaba decidido a permitir que funcionaran con autonomía y que aplicaran procedimientos democráticos las otras dependencias del gobierno. El Poder Judicial continuaba bajo el control de hombres del régimen anterior. En realidad, durante el periodo de Madero, la Suprema Corte eligió a Francisco Carbajal, quien había representado al gobierno de Díaz en las negociaciones de Ciudad Juárez, como presidente. Sin embargo, Madero insistió en la independencia del Poder Judicial. Durante su breve administración el Poder Judicial, que había estado encadenado bajo Díaz, recobró su independencia. De todos los presidentes mexicanos, Madero fue el más respetuoso de la libertad judicial.

Aunque Madero anhelaba un gobierno democrático, había pocas señales de que bajo el estímulo de las actividades políticas a las que no estaba acostumbrado, y por el ejemplo dado por el presidente, la democracia hiciera algunos progresos. A principios de 1912 empezó la campaña electoral para elegir el nuevo Congreso. A fines de abril se anunció que la mayoría de las legislaturas de los Estados habían aprobado la reforma de la Constitución, indicando que de allí en adelante las elecciones para la presidencia, la vicepresidencia, senadores y diputados debían ser hechas por voto directo. Se esperaba que este cambio haría más difícil, en particular para los gobernadores, controlar las elecciones. Madero recomendó a todas las autoridades que el sufragio efectivo debía ser respetado.

Aunque había partidos y facciones en disputa, la lucha principal en las elecciones para el Congreso era la que se desarrollaba entre los partidos Constitucional Progresista y el Católico. La política conciliatoria de Madero no le trajo el apoyo de la Iglesia ni del Partido Católico Nacional, cuyos oradores y periódicos atacaban al presidente duramente, oponiéndose a su política, censurando su debilidad e impugnando sus motivos.

Los opositores del presidente fueron en su mayoría los miembros del Senado. En la Cámara, el partido del gobierno y los grupos afiliados ganaron una mayoría. El Partido Católico ganó veintitrés, y la oposición independiente diecinueve, de las doscientas treinta y tres curules. Este éxito de cuarenta y dos curules logradas por la oposición fue una situación excepcional en la moderna política mexicana. A pesar de las acusaciones y casos probados de imposición, la elección de los miembros del Congreso fue una de las más libres que México había tenido. Francisco I. Madero saludó "un Congreso electo libremente" y el cumplimiento de la "principal promesa hecha por la Revolución... el libre ejercicio del voto".

Por desgracia, la mayoría del gobierno en la Cámara baja no fue efectiva, coherente o bien dirigida; la oposición probó tener más influencia a pesar de su reducido número. Aunque los adversarios del gobierno pudieron atacarlo sólo ocasionalmente con el apoyo de diputados liberales disidentes, ellos por su cuenta atacaron, criticaron, retardaron y obstruyeron la acción legislativa. Francisco M. de Olaguíbel, José María Lozano, Nemesio García

Naranjo y Querido Moheno, el famoso "cuadrilátero" de la oposición, tenían prestigio, experiencia y dotes oratorias. Un murmullo animador en la galería estimuló y aplaudió sus esfuerzos. Atacaron al gobierno por su debilidad ante los desórdenes y se opusieron a conceder facultades y recursos para contrarrestar la situación. Llenaban la atmósfera con sus acusaciones y clamores. Cuando el gobierno solicitó autorización para negociar ciertos empréstitos, los ataques de la oposición dejaron la impresión de la mayor ruindad.

Con respecto a los Estados, Madero trató de dar la oportunidad de que sus ideas democráticas se realizaran. Las elecciones para gobernadores durante el periodo de Madero sin duda no fueron todas irreprochables, pero su política, globalmente considerada, representaba un paso hacia adelante en la dirección de la democracia. La Revolución no dominaba completamente los puestos principales de los Estados. Había cuatro gobernadores del Partido Católico que eran opuestos al presidente. Otros eran de inclinación conservadora y su cooperación con el gobierno central era dudosa. En enero de 1913, diecinueve de los gobernantes tenían entre treinta y cincuenta años de edad; siete tenían entre cincuenta y sesenta, y uno era de sesenta y dos años de edad. La mayoría probó que eran hombres preparados y honestos. Por lo menos en cuanto a edad y carácter, la Revolución trajo cambios sanos en las personas que dirigían los Estados.

Acerca de las dependencias inferiores del gobierno, se hizo muy poco durante la efímera administración de Madero. Nombró una comisión para estudiar la cuestión del gobierno local. El presidente expresó la esperanza de que como resultado de los estudios de esta comisión podría "iniciar las reformas para restaurar la personalidad del gobierno municipal".

La prensa constituyó uno de los mayores obstáculos que confrontaba la administración de Madero. El nuevo presidente mantuvo la libertad de la prensa hasta un grado superlativo, pero los periodistas de la oposición, tomando ventaja de esta situación, torcieron el sentido de libertad por el de libertinaje. La oposición y los ataques de la prensa empezaron durante el periodo interino. Madero rehusó inmiscuirse en esta corriente, que él miraba como la reacción natural de la nueva libertad encontrada. Los periódicos del antiguo régimen, *El Imparcial* y *El Diario,* encabezaban la oposición. El periódico controlado por los norteamericanos, *Mexican Herald (El Heraldo Mexicano),* ostensiblemente neutral, ahora se dedicaba a desacreditar al gobierno de Madero.

La prensa católica, que en los últimos días del periodo de Díaz se había opuesto a la Dictadura y alabado a la Revolución, se enfiló en la oposición contra Madero. Sus principales órganos fueron *El País* y *La Nación*.

Nuevos periódicos aparecieron para unirse a la campaña en contra del gobierno, incluyendo a los siguientes: El *Mañana*, inteligente, aunque venenoso, dirigido por Jesús M. Rábago; *La Tribuna,* diario de la tarde, dirigido por el ex director de *El Debate,* Nemesio García Naranjo, que gozaba de inmunidad constitucional como diputado, y *El Noticioso Mexicano*. En un nivel más bajo estaban *Frivolidades* y *Multicolor,* y aún más bajo, las hojas anónimas llenas de caricaturas obscenas y licenciosos escritos.

La oposición fue cruel y despiadada contra Madero. Muchos de los ataques eran diatribas viciosas y personales. Madero fue ridiculizado como espiritista, homeópata y vegetariano. Se le reprochó derramar lágrimas en público. Madero, a pesar de la crítica de los revolucionarios, había nombrado ministro en Madrid a Justo Sierra, distinguido profesor del viejo régimen. Cuando Sierra murió, siendo ministro, Madero asistió a los servicios fúnebres en la Universidad, y lloró cuando Jesús Urueta pronunció la oración fúnebre. Fue criticado también por haber realizado un vuelo, y se dudaba de su equilibrio mental.

Similares ataques personales fueron dirigidos contra otros miembros del gobierno, principalmente contra Gustavo Madero y Manuel Bonilla. Sánchez Santos aplicó el cruel apodo de "Ojo Parado" al hermano del presidente, aludiendo a su ojo artificial. Los periódicos de la oposición fueron culpables de calumnias. Prostituyendo sus sagrados deberes exageraban, retorcían y se ocupaban en puras fantasías en su afán de desacreditar al gobierno. Las noticias de las revueltas eran dadas con entusiasmo y los desórdenes se exageraban. Los viejos rumores de la influencia extranjera en la Revolución fueron revividos.

Las actividades de los periódicos de la oposición contribuyeron a la confusión, incertidumbre y desconfianza en el régimen. Algunas personas alababan, estimulaban y aun incitaban a la rebelión, desempeñando el principal papel en crear una atmósfera hostil a Madero y a su gobierno. Los amigos y allegados de Madero lo instaban a tomar alguna medida para regular la prensa, pero el presidente resistió a todo esfuerzo encaminado a callarla. "Prefiero hundirme con la ley que no sostenerme sin ella".

El día del aniversario de la Revolución, en 1912, Madero se dirigió a los miembros de las otras dependencias del gobierno. Protestó contra el libertinaje de la prensa. "En ningún otro país del mundo... hay una libertad de prensa tan excesiva como la que México tiene". El presidente aseguró a sus oyentes que esto no era una cuestión personal, sino asunto de autoridad, que debe respetarse para ser fuerte. Por lo tanto, pidió "una ley liberal que honre a ustedes y a la República", para poner fin a estos abusos. La legislatura del Congreso terminó sin tomar ningún acuerdo acerca de esta petición. Madero permaneció a merced de la prensa, una prensa "sin misericordia y hasta sin moderación".

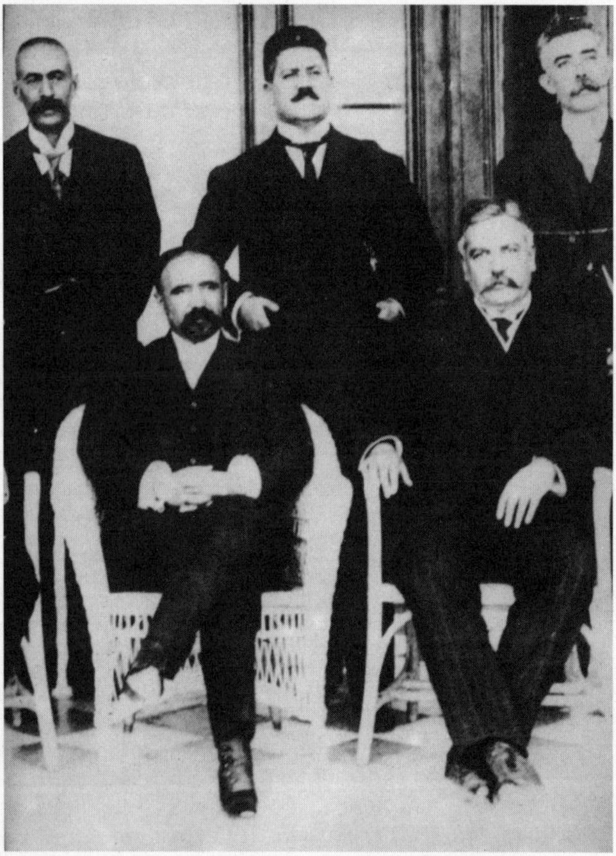

El Presidente Madero con Abraham González, Manuel Bonilla y Jesús Flores Magón.

CAPÍTULO X

Progreso a pesar de los problemas

Además de una reacción ensoberbecida, de una Revolución exigente, de una prensa envenenada y un Congreso inconsecuente, Madero tenía que enfrentarse a las acciones del embajador norteamericano, Henry Lane Wilson. A pesar de la antipatía que existía contra los norteamericanos, Madero, que era admirador de sus instituciones, continuaba proclamando su amistad hacia los Estados Unidos. Y el gobierno norteamericano mostró, al menos durante la administración de Madero, sus deseos de contribuir a la estabilidad del nuevo régimen.

Henry Lane Wilson, que había sido nombrado embajador en México en los últimos días del periodo de Díaz, estaba satisfecho con el cambio de gobierno. Aunque se preocupaba por la falta de respeto observada por los revolucionarios hacia la autoridad y no le agradaba un reformador en la presidencia, sus primeros informes no eran desfavorables a Madero. El embajador expresó su parecer de que el nuevo presidente protegería a los extranjeros y de que Madero y su gabinete harían "justicia a los intereses norteamericanos".

Después de pocos meses Wilson llegó a ser el crítico más severo y censor y, finalmente, el más fanático enemigo del gobierno. Las razones de este cambio de opinión eran inherentes al carácter, ideas y objetivos de estos dos hombres. Había una gran diferencia entre la personalidad realista y práctica del diplomático norteamericano, y la idealista y emocional del presidente mexicano. Wilson estaba molesto porque Madero no reconociera su experiencia y no lo consultara. Tan pronto se hizo evidente que el nuevo gobierno no se proponía hacer favores al capital norteamericano y, según la opinión de Wilson, no se podía confiar en que mantendría el orden y protegería los intereses norteamericanos, el embajador llegó a ser un activo opositor de Madero.

El gobierno de Madero consideró intolerable la conducta observada por el embajador, pero la elección para la presidencia de los Estados Unidos de Woodrow Wilson estimuló a Madero para esperar un cambio en la Embajada norteamericana. Madero escribió a Lascuráin, que era el nuevo embajador de México en Washington, diciéndole que conferenciara con Woodrow Wilson y le manifestara que Henry Lane Wilson era persona *non grata* para el gobierno mexicano. Lascuráin parece que hizo poco o nada a este respecto. Sin embargo, el embajador Wilson supo el contenido de la carta y su disgusto con el gobierno de Madero alcanzó una nueva altura. Explicó la hostilidad de Madero diciendo que era "debido solamente a mi vigorosa actitud sobre las cuestiones norteamericanas".

El problema más grave de la administración de Madero era la cuestión agraria. Una vez más la política del presidente se encontró entre dos fuegos, el de los conservadores que se oponían a los cambios, y el de los revolucionarios que exigían la reforma agraria. Las condiciones rurales en México habían creado una insistente demanda por la reforma, y el ambiente formado por la Revolución estimulaba la esperanza del inmediato cumplimiento de las promesas interpretadas ampliamente.

El descontento por la situación agraria se manifestó por medio de disturbios locales y levantamientos armados en el Norte y en los Estados del centro. Los esfuerzos de Madero por resolver el problema agrario fueron circunscritos por su deseo de obtener una solución democrática, legal, y por su política de conciliación. Negó que la Revolución hubiera hecho grandes encarcelamientos de campesinos. Decía que una cuidadosa revisión del Plan de San Luis Potosí, de sus discursos y programas de gobierno, probaría que las únicas promesas hechas fueron las relativas a la restitución de las tierras a los que habían sido despojados de ellas ilegalmente, y la de estimular el desarrollo de la pequeña propiedad. La última de estas promesas no debería ser interpretada como expropiación. Desgraciadamente para Madero, muchas personas insistían en considerarlo como el instrumento de grandes e inmediatos cambios.

Pero a pesar del empeño del presidente en limitarse a los compromisos de la Revolución, reconocía que la cuestión agraria era la más importante. El plan del programa agrario del gobierno de Madero fue encargado a la primera Comisión Nacional Agraria, presidida por Rafael Hernández, ministro de Fomento. La Comisión estaba compuesta por distinguidos agricultores, abogados, ingenieros y banqueros, pero todos los miembros eran de ideas conservadoras. A principios de febrero de 1912, la Comisión presentó lo que Madero describió como un "luminoso proyecto" para la solución de la cuestión agraria.

El informe suministrado por el licenciado Hernández era un documento académico completo con buenas intenciones y atractivas promesas. Los comisionados mencionaban la conservación de los bosques, el mejoramiento de las comunicaciones, los transportes y créditos a los agricultores; mejorar las razas de animales para su crianza, la intensificación de los cultivos y la mejor utilización de los recursos hidráulicos. En lo referente a la cuestión de las tierras, la Comisión recomendaba la restitución de las tierras de los ejidos, la asignación de terrenos nacionales y la compra de tierras privadas para ser divididas y vendidas. Un Comité Ejecutivo Agrario, compuesto de tres miembros, se nombraría para llevar a efecto el programa. El gobierno estaba ya autorizado a proceder de acuerdo con la ley sobre agricultura del 18 de diciembre de 1911.

El programa disponía la compra de tierras privadas y su división para ser vendidas en efectivo o a crédito, con fáciles condiciones de pago a los rancheros, a los emigrados mexicanos que desearan repatriarse y a colonizadores inmigrantes. El gobierno planeaba reorganizar y ensanchar las actividades de la Caja de Préstamos de Irrigación y Fomento de la Agricultura. Este organismo había sido establecido tres años antes por Limantour para financiar grandes proyectos encaminados a mejorar la agricultura. No obstante, los negligentes directores que debían velar por los pequeños propietarios permitieron que la Caja hubiera operado primero en favor de los grandes intereses. El gobierno de Madero pensaba utilizar este organismo para proveer hipotecas liberales para los nuevos y pequeños propietarios. Estas operaciones serían garantizadas por el gobierno por medio de una emisión de bonos por un total de ciento cincuenta mil pesos. Además, la Caja estaba autorizada para ayudar a los hacendados en la preparación de sus tierras a fin de asegurarse contra el fracaso de los nuevos dueños.

Rafael Hernández informó que "las ofertas de los terratenientes habían sido numerosas". En realidad, el Comité Ejecutivo, que empezó a funcionar en abril de 1912, informó que los dueños de tierras cuyas propiedades eran una carga para ellos, soñaban vendérselas al gobierno a precios caprichosos. Tan pronto se supo de los proyectos del gobierno, los especuladores actuaron, y las tierras improductivas triplicaron su valor. El Comité, sabiendo que el costo sería enorme para el gobierno, recomendó que fuera descartado este sistema por razones éticas y económicas. La política recomendada fue la de concentrarse en la restitución de los ejidos.

Ya se había dado en esa dirección un primer paso moderado. El 8 de enero y el 13 de febrero, el ministro Hernández, bajo las instrucciones del presidente Madero, lanzó dos circulares. La primera indicaba que el Consejo Municipal estaba autorizado a proceder a la revisión y ocupación de la tierra de las comunidades; la segunda fue dirigida a los gobernadores para que cooperaran a recobrar las tierras comunales y a protegerlas contra la usurpación de los propietarios vecinos. Para septiembre, Madero informó que ciento treinta y siete concejos habían solicitado la restitución de tierras y que muchos de estos casos habían sido ya arreglados. Sin embargo, esta política apenas rozó la superficie y abarcó solamente a aquellas comunidades que pudieron probar que habían sido víctimas de despojo.

El tercer pinchazo del ataque contra Madero acerca del problema de la tierra se dirigía al uso de las tierras nacionales. Una circular del 24 de febrero fue dirigida a la Comisión Nacional Agraria para medir y recobrar las tierras ilegalmente obtenidas, las que serían transferidas o alquiladas a ciudadanos mexicanos. Hacia septiembre, el gobierno tenía veintiún millones de hectáreas de tierra pública a su disposición, y esta cantidad crecía constantemente a medida que el gobierno recobraba las tierras que fraudulentamente habían sido otorgadas a aquellos que no cumplían con las estipulaciones de la concesión. En la zona de los ríos Mayo y Yaqui se emprendió un plan aún más detallado y constructivo.

El gobierno de Madero también estableció siete estaciones experimentales agrícolas en puntos seleccionados en toda la nación, como también tres granjas modelos en Nuevo León con el fin de facilitar el estudio de los cultivos en zonas secas. Los proyectos de irrigación iniciados durante el régimen de Díaz fueron continuados, y se empezó la construcción de una presa grande en Hidalgo. Por último, el gobierno negoció un préstamo con la Caja de casi cuatro millones de pesos para el mejoramiento de las tierras del lago de Texcoco. Sin embargo, las exigencias del público no se satisfacían con estas moderadas medidas. Madero excusaba la tardanza en emprender una acción más extensa culpando a los desórdenes del país.

Durante los últimos meses del régimen de Madero había indicios de que se preparaban más proyectos radicales acerca de la cuestión agraria. Los cambios hechos en el gabinete en noviembre pusieron la cartera de Fomento en manos de Manuel Bonilla, quien urgió el estudio de la cuestión agraria buscando una solución integral. El Comité Ejecutivo Agrario había manifestado que sería deseable "aumentar los medios con el fin de restablecer los ejidos de los municipios... y que la reconstrucción debía ser bajo la forma inalienable de la propiedad comunal". Hernández no hizo caso de esta recomendación; Luis Cabrera, constituyéndose en líder de los renovadores en el Parlamento, dio una forma espectacular a estas doctrinas en un discurso pronunciado en la Cámara de Diputados el 3 de diciembre de 1912.

Cabrera atacó la política de paz y las reformas económicas. La reconstrucción de los ejidos, dijo, es esencial para la paz. Criticó lo que él llamó "medios ingenuos" para resolver el problema agrario: la compra de tierras y su venta a los campesinos era impracticable, como comprobó el gobierno; dividir las tierras nacionales no era la solución, porque éstas no incluían las de mejor calidad y no estaban propiamente localizadas donde las necesidades existían, y recobrar tierras ejidales ilegalmente poseídas sería muy difícil, ya que el noventa por ciento de los ocupantes tenían alguna clase de título. El orador recomendó que debía autorizarse al Ejecutivo para expropiar tierras privadas con destino a la reconstrucción de los ejidos en las comunidades que las necesitaban. Los renovadores empezaron a publicar un periódico, *El Reformador,* en enero de 1913. En el número del 17 de enero sostenía que el gobierno se inclinaba hacia la causa revolucionaria y que a través de la reforma agraria principiaría su política revolucionaria. Los conservadores se alarmaron. Las ideas políticas de Madero les habían parecido peculiares, irreales y poco satisfactorias, pero cualquier esfuerzo tendiente a la reforma les parecía peligroso. La oposición conservadora intensificó sus actividades contra el gobierno.

No había casi ninguna dependencia del gobierno en la que el régimen de Madero no demostrara alguna actividad. Casi desde el principio de su periodo presidencial se estudió la cuestión del trabajo. Cuatro puntos fueron subrayados en la investigación: la reducción de las horas de trabajo, las huelgas, la protección a las mujeres y los niños en la industria, y la indemnización por accidentes de trabajo. En diciembre de 1911, el subsecretario de Gobernación empezó a reunir datos sobre la cuestión obrera. En enero de 1912, el licenciado Antonio Ramos Pedrueza fue nombrado para organizar una Oficina Obrera Nacional, la que haría los estudios necesarios para intervenir en las querellas de los obreros. A los ocho meses de establecida había contribuido al arreglo de setenta huelgas.

Bajo los auspicios de la Oficina Nacional del Trabajo, se celebró una convención de jefes y de empleados de las fábricas de algodón y de la industria de tejidos. Los dueños de ciento cincuenta fábricas llegaron a un acuerdo con ciento catorce delegados del Comité Central de Trabajadores, estableciendo el salario mínimo, diez horas de trabajo diario (anteriormente eran doce o trece horas) y compensación para los trabajadores. En diciembre de 1912, el Congreso dio a este Departamento del Trabajo estatutos legales y lo puso bajo la jurisdicción del Ministerio de Fomento.

Aunque las tangibles conquistas del trabajo durante la breve administración de Madero fueron pocas, por primera vez existió una atmósfera propicia al trabajo. Los trabajadores podían celebrar reuniones, discutir, organizarse y declararse en huelga. Fue durante este periodo cuando la Casa del Obrero Mundial, que más tarde jugó un papel importante en el movimiento obrero mexicano y en la Revolución, fue organizada como lugar de reunión y centro de propaganda de un grupo de jóvenes líderes radicales.

En el ramo de la educación, tan vital a la Revolución Mexicana, el gobierno de Madero hizo un esfuerzo meritorio. El presupuesto federal para este fin, que nunca llegó a más de ocho millones de pesos bajo el régimen de Díaz, fue aumentado a doce millones de pesos. El sistema entero de la educación había sido interrumpido por la Revolución y por los subsiguientes disturbios. Fue el gobierno de Madero el que estableció las primeras escuelas rurales mantenidas por el gobierno central. Esta medida había sido autorizada durante el periodo interino, y la suma de trescientos mil pesos fue destinada a este fin. Sin embargo, en septiembre de 1912, Madero admitió que sólo un poco más de la mitad de esta suma había sido gastada. Con este dinero se abrieron cincuenta escuelas más.

Considerando las dificultades encontradas y el lento progreso alcanzado en otras partes del país, era de esperarse que el presidente, en su informe, subrayaría las acciones hechas en el Distrito Federal. Anunció la inauguración de los siguientes centros de educación: escuelas nocturnas, algunas especiales; dos escuelas dominicales, una para hombres y la otra para mujeres; dos escuelas secundarias y dos escuelas industriales. Fue durante el gobierno de Madero cuando se inició el famoso comedor para estudiantes. Veintinueve comedores, dieciséis en la capital y trece más en el Distrito Federal, fueron abiertos, donde los alumnos podían desayunar y obtener una comida ligera. Los alumnos que podían pagaban dos centavos por comida, y este dinero se usaba para mejorar los alimentos, pero la mayoría se alimentaban gratis. Casi cinco mil ochocientos niños eran diariamente alimentados bajo este programa. Además, el gobierno distribuyó más de veinte mil trajes y doce mil pares de zapatos a los niños necesitados del Distrito Federal. Las actividades del gobierno en el campo de la educación incluían la fundación de un museo en Apatzingán, sede del primer Congreso Mexicano, la convocatoria de un congreso nacional sobre educación primaria y una investigación completa de las condiciones educativas por Alberto J. Pan, su secretario de Instrucción Pública, en la que destacaba el problema de la educación indígena.

Se iniciaron otros proyectos de trabajos públicos, pero era necesario dedicarse más a la reconstrucción que a realizar los nuevos proyectos. Casi todos los rieles dañados de las vías férreas fueron reparados, y más de trescientos kilómetros de nuevas vías férreas fueron construidos. Para remediar los daños y descuidos en el sistema de carreteras, Madero creó una oficina de inspección de carreteras, de caminos vecinales y puentes. Esta oficina vigilaba el estado de los caminos y empezó a componer los que conectaban Puebla, Toluca, Pachuca y Veracruz con la capital, así también la carretera entre Iguala y Chilpancingo. Los trabajos para el mejoramiento de los puertos iniciados durante el periodo de Díaz fueron continuados, y el importante proyecto en Frontera, Tabasco, fue realizado.

El Estado de Tabasco atravesaba una difícil situación económica, debido al fracaso del drenaje del puerto de Frontera. La desembocadura del río Grijalva estaba muy obstruida; los barcos que tenían ocho pies de calado no podían acercarse bien para cargar y descargar. Madero visitó Frontera en septiembre de 1911 como candidato a la presidencia y prometió arreglar la situación. En diciembre se aprobó un contrato bajo el cual el gobierno adelantó los fondos, y la North American Dregging Company emprendió la canalización del banco de arena en Frontera para permitir la entrada de barcos de un calado de más de veinte pies. La caída de Madero impidió la terminación de esos proyectos.

Otro proyecto abortado del régimen Madero estaba relacionado con la reforma del ejército. Madero fundó un Consejo Superior de Guerra para estudiar la organización de las fuerzas armadas. El único esfuerzo hecho en tal dirección fue el proyecto presidencial del servicio militar obligatorio. Madero alegaba que esta medida haría fuerte a la nación porque "un ejército formado por todas las clases sociales tiene que reflejar el sentimiento nacional". Previó las inmensas ventajas para el restablecimiento y seguridad de la paz, la reducción de la ignorancia y la unificación del espíritu nacional.

Madero ha sido acusado de no cumplir sus promesas, pero José Vasconcelos dice: "...importa tanto dar a conocer lo que Madero intentó, proyectó y todo lo mucho que no le dejamos realizar". Cuando Madero empezó a formular un programa económico y social estimuló la actividad oposicionista de los intereses conservadores. Considerando las condiciones, obstáculos y la oposición encontrada en tan corto periodo, sus esfuerzos y actividades constructivas fueron notables.

CAPÍTULO XI

Siguen las rebeliones

Durante el gobierno de Madero hubo varias rebeliones. Estos movimientos representan, en un sentido, la tradicional práctica mexicana de probar el poder del nuevo Ejecutivo. Durante quince meses el presidente tuvo que tratar con dos grandes levantamientos armados que abarcaron gran parte del país: la conspiración de Bernardo Reyes y el cuartelazo de Félix Díaz.

Los primeros ataques contra el régimen de Madero vinieron de parte de los revolucionarios y fueron los más persistentes. El problema zapatista fue herencia del periodo provisional. Si en todo ese tiempo se hubiera seguido el consejo de Madero, los insurgentes de Morelos no hubieran sido tan desconfiados, ensañados e impacientes. La situación era adversa a la política de conciliación del presidente, a sus deseos de licenciar las tropas revolucionarias y a su creencia de que la solución de la cuestión agraria requería tiempo y estudio.

Los zapatistas se declararon en plena rebelión contra Madero, como lo habían hecho contra Díaz y De la Barra, y como lo seguirían haciendo contra los siguientes gobiernos en los próximos seis años. El 28 de noviembre, a menos de un mes de haber tomado posesión de la presidencia, fue lanzado el Plan de Ayala. Éste fue redactado por el maestro Otilio Montaño y firmado por Zapata y sus oficiales. Los zapatistas desconocieron el liderato de Madero, quien "no llevó a un término feliz la Revolución que tan gloriosamente había sido iniciada", y le pidieron su renuncia. El plan era esencialmente agrario y local en sus ideas de reforma. Los campesinos ocuparían inmediatamente la tierra que les habían quitado. Además, una tercera parte de la tierra de las posesiones privadas sería expropiada, con su debida indemnización, para proveer de tierras a los ejidos. Se amenazaba con la nacionalización de las dos terceras partes de la propiedad de aquellos que se oponían al plan. El Plan de Ayala fue publicado con permiso del presidente en la Ciudad de México, en diciembre de 1911. Madero demostró una vez más que la prensa era libre.

En los últimos días de 1911, la lucha era acerba y sangrienta. Los zapatistas eran muy agresivos, atacaban las concentraciones federales con relampagueantes incursiones seguidas por rápidas retiradas. El levantamiento agrarista se extendió rápidamente a los Estados vecinos de Puebla, Guerrero, Tlaxcala y México.

Madero vacilaba en su política hacia la insurrección. Alternaba las severas órdenes de pelear con las de negociar. El general Juvencio Robles, nombrado jefe militar a fines de enero, iba a iniciar una de las más sangrientas fases de la lucha. Robles permaneció como jefe de las fuerzas federales durante seis meses. La campaña era de persecución y de crueldad por parte de las fuerzas del gobierno, y de pillaje y violencia por parte de los zapatistas.

En abril, dos mil quinientos nuevos reclutas fueron enviados a reforzar el ejército del gobierno, pero hasta mediados de 1912, los zapatistas habían tenido la ventaja en la lucha. A principios de junio el general Robles, usando procedimientos sangrientos, empezó a exterminar a algunos rebeldes.

Ese mismo mes, un negociador sin representación oficial visitó a Zapata, y en agosto, el general Felipe Ángeles, director del Colegio Militar, fue enviado a Morelos como jefe de las tropas federales. El general Ángeles dirigió una campaña más benigna después de estudiar la situación en Morelos. A pesar de sus esfuerzos y del informe de Madero de septiembre de que el grupo principal de las tropas se había desbandado y que la situación estaba casi arreglada.

Parece extraño, pero no fue la rebelión de Zapata, sino la actitud del general Reyes la que causó más preocupación al gobierno de Madero en las primeras semanas. A fines de septiembre de 1911, el general salió de México de manera precipitada, advirtiendo que sabía que las elecciones no iban a ser celebradas libremente.

A mediados de noviembre se preparó un plan revolucionario en un rancho fronterizo de Tamaulipas, donde se suponía que Reyes cruzaría la frontera. El gobierno mexicano, sabiendo el complot, ordenó el envío de tropas a Saltillo, Monterrey y otros puntos a lo largo de la frontera. La Embajada mexicana llamó la atención al gobierno de los Estados Unidos acerca de la situación, y le pidió que diera los pasos necesarios para bloquear los designios revolucionarios de Reyes. El 17 de noviembre el general Reyes fue arrestado en Laredo, acusado de violar la ley de neutralidad. Cuando dos días más tarde fue liberado bajo fianza de cinco mil dólares, el gobierno mexicano había aumentado las fuerzas en la frontera.

Con la amenaza de ser juzgado por las autoridades norteamericanas, el general entró precipitadamente en México a la cabeza de hombres armados, durante la noche del 13 de diciembre. Un grupo de sus partidarios atacó Ramos Arizpe, en Coahuila, y hubo menores manifestaciones de apoyo en Teapa (Tabasco) y Ameca (Jalisco). Las fuerzas federales pronto persiguieron a la pequeña banda guiada por el general Reyes. Sus partidarios, que lo habían informado mal acerca de las perspectivas y preparativos hechos, culpaban a la hostilidad de los Estados Unidos de su anticipado regreso al territorio mexicano. La principal razón del fracaso fue el hecho de que ni el pueblo ni el ejército respondieron a su llamamiento.

En la noche del 25 de diciembre, Reyes se rindió al jefe de las fuerzas rurales de Linares (Nuevo León), donde fue puesto en libertad bajo palabra de honor.

Al día siguiente, el gabinete decidió que el general Reyes debía ir a México para su seguridad. Allí fue internado en la prisión militar de Santiago Tlatelolco, acusado del delito de rebelión.

También en la parte norte de la República estalló otra rebelión de proporciones más serias. Este movimiento empezó como un empuje reformista, inspirado por Emilio Vázquez Gómez, pero implicaba, como la rebelión de Pascual Orozco, hijo, fuertes maquinaciones conservadoras. La situación de Chihuahua estaba complicada por el descontento revolucionario, por la insatisfacción local de la ausencia de mando, debido a que el gobernador Abraham González había ido a servir en el Gabinete de Madero, y por la reacción conservadora contra el gobierno que amenazaba con las reformas. En Texas, Emilio Vázquez Gómez, quien activamente buscó y ganó secuaces mientras sirvió en el gabinete de De la Barra, continuó apelando al descontento revolucionario.

A fines de enero hubo disturbios en Ciudad Juárez y Chihuahua. La situación parecía tan grave que Abraham González salió de México hacia la perturbada capital de su Estado, donde encontró a Orozco quieto y en paz. Los aduladores elogiaron esta evidencia de lealtad de Orozco y sostenían que la actitud del gobierno más tarde lo obligó a rebelarse.

La rebelión vazquista sirvió como disfraz a Orozco. El 2 de febrero, en el cementerio Santa Rosa, en las afueras de la ciudad de Chihuahua, el profesor Braulio Hernández, jefe revolucionario que había renunciado a la Secretaría General de Chihuahua, y algunos allegados, firmaron un manifiesto revolucionario acusando al gobierno de Madero de haber traicionado su programa; estos partidarios de Emilio Vázquez Gómez lanzaron el grito de

"Tierra y justicia". La guarnición de Casas Grandes se sublevó a favor del licenciado Vázquez Gómez y ocupó la ciudad. El 17 de febrero Emilio Vázquez Gómez lanzó un manifiesto en San Antonio, aceptando la presidencia provisional que le ofrecieron los rebeldes de Chihuahua.

En la mañana del 27 de febrero, Ciudad Juaréz cayó en poder de los vazquistas después de un breve intercambio de tiros. Unos pocos días más tarde, el 3 de marzo, Orozco se rebeló contra el gobierno de Madero con la tropa que mandaba. Francisco Villa se enfrentó a las fuerzas de Orozco en las afueras de la ciudad de Chihuahua y se vio forzado a retirarse. El gobernador González buscó refugio al lado de las fuerzas del gobierno que comandaba Villa. Orozco notificó a los vazquistas que estaba de su parte. Una comisión de los rebeldes de Ciudad Juárez salió precipitadamente hacia Chihuahua para hablar con Orozco.

Aunque Pascual Orozco había sido el valiente de la Revolución de Madero, y a pesar de que su rebelión se apoyó en que Madero no cumplió las promesas del Plan de San Luis, hay razón para creer que consideraciones de índole personal y otras influencias hacían su efecto en él. Sin duda alguna, el revolucionario norteño y su padre no estaban satisfechos con las probendas financieras y otras que les habían sido otorgadas después de la Revolución. El elemento conservador reconoció la imposibilidad de recuperar el poder por medio de un individuo de su partido; un caudillo de la Revolución que pudiera controlar las masas y al mismo tiempo servir a sus propósitos, era lo que necesitaban. Orozco parecía llenar estos requisitos.

Una Junta revolucionaria había sido establecida, la cual reconocía como Presidente provisional a Emilio Vázquez Gómez y a Orozco como jefe militar. Sin considerar las oscuras fuerzas que estaban detrás del movimiento, Orozco podía contar con el apoyo popular. Con casi seis mil hombres Orozco pronto controló el Estado de Chihuahua. El 8 de marzo una vanguardia rebelde partió para Jiménez hacia el Sudoeste. La última meta era la captura de la capital federal y la renuncia de Madero.

Esto significaba perder a seis mil hombres bien equipados militarmente y la pérdida del control de Chihuahua. Madero hizo un llamamiento a la nación para apoyar al gobierno que ella había elegido. El gobierno solicitó la suspensión de las garantías constitucionales en la tumultuosa zona, el aumento del ejército a sesenta mil hombres y la autorización de un empréstito de veinte millones de pesos para hacer frente a los gastos de la campaña en Chihuahua y Morelos. La autorización fue concedida, pero después del retraso causado por el Congreso. La prensa contribuyó a la difícil situación por medio de informes sensacionalistas.

El embajador Wilson dirigió una circular a todos los individuos de nacionalidad norteamericana, aconsejando a aquellos que estaban en las zonas que se consideraban peligrosas o aisladas que salieran del lugar. Esta recomendación se publicó en la prensa, creando gran excitación. Wilson llamó al Cuerpo Diplomático para discutir los medios de defender las vidas y las propiedades. El pánico se posesionó de la ciudad. Los voluntarios civiles empezaron a prepararse para defender la capital contra cualquier ataque. El secretario de Guerra, general González Salas, renunció a su cargo y fue nombrado jefe de una gran columna que se formaba para combatir la rebelión en el Norte. Madero fue a la estación a despedirlo y a desear éxito a las tropas.

La derrota y el suicidio de González Salas causó un gran impacto. Aunque las fuerzas federales sufrieron solamente trescientas bajas, la prensa lo exageró como un desastre. Wilson informó que "es ahora la creencia general que el gobierno probablemente caerá". El líder insurgente, engreído por la victoria, lanzó un plan revolucionario en que se denunciaba a Madero, y proponía un programa y un método para elegir un presidente provisional después de la ocupación de la capital. Explícitamente, pero sin nombrarlo, Orozco retiró su reconocimiento a Emilio Vázquez Gómez como presidente provisional. Aunque se dio una división en las filas rebeldes, Emilio Vázquez Gómez continuó reclamando la presidencia provisional, y el último día de marzo envió a Madero el siguiente telegrama: "Si usted entrega el poder a la Revolución, a fin de que pueda gobernar al país, inmediatamente volverán la paz, la tranquilidad, la justicia, la libertad y el progreso".

La respuesta de Madero fue enviar más tropas para combatir a los rebeldes. El 24 de marzo Victoriano Huerta fue nombrado jefe de la División del Norte. Madero no era de opinión que se nombrara al hombre que había escoltado a Porfirio Díaz a Veracruz y que se había portado de un modo sospechoso en Morelos. Las condiciones del momento y la aprobación de Rafael Hernández y de Gustavo Madero decidieron el nombramiento. Mientras Huerta organizaba sus fuerzas, las escaramuzas y encuentros continuaban en el norte de Torreón. Francisco Villa capturó Parral, centro ferrocarrilero que flanqueaba la base rebelde de Jiménez, y arrestó al general José de la Luz Soto, pero sucesivos contraataques de los rebeldes obligaron finalmente a los federales a evacuar la población.

Huerta llegó el 12 de abril, estableció su cuartel general en Torreón y anunció la amnistía para los rebeldes que se sometieran dentro de quince días. El jefe de la División del Norte no se apresuraba. Preparó sus operaciones cuidadosamente concentrando el disponible poderío humano. La mayor parte de la fuerza de nueve mil hombres estaba compuesta de soldados federales, pero un respetable número de rurales de los Estados fronterizos, incluyendo a Villa y a sus hombres, formaban parte del ejército. A Huerta le ayudaba un capaz Estado Mayor, incluyendo el talentoso y especialista artillero coronel Guillermo Rubio Navarrete.

El embajador Wilson continuaba actuando de una manera encaminada a desacreditar y perturbar el gobierno de Madero. El 13 de abril sugirió al Departamento de Estado la posibilidad de enviar tropas norteamericanas a Chihuahua para proteger las vidas y propiedades de los connacionales.

A principios de mayo, Huerta empezó a moverse hacia el Norte a lo largo de la línea férrea de Bermejillo. Posesionado de Parral, Orozco tardó en atacar Torreón. Al parecer, se había demorado con la esperanza de obtener más municiones y pertrechos. Estos no llegaban y el jefe rebelde había perdido un tiempo precioso. Por lo demás, el movimiento rebelde perdía su unidad. Aunque algo tardíamente, Emilio Vázquez Gómez entró en México. Esperaba cerrar la brecha que existía en la rebelión entre el Norte y el Sur. En Ciudad Juaréz se declaró a sí mismo presidente provisional. Aunque originalmente había encabezado la revuelta y su reputación de revolucionario contra el gobierno había sido útilmente usada en el movimiento, ni las ambiciones políticas personales de Orozco ni los propósitos ideológicos de los que lo apoyaban permitían seguir respaldando a Vázquez Gómez. Los líderes rebeldes repudiaron al pretendiente, quien después de haber estado virtualmente prisionero en Ciudad Juárez, regresó a El Paso, terminando así su carrera política.

Pasada la oportunidad y amenazada la unidad, la rebelión de Orozco estaba obstaculizada por no tener equipo para armar a los hombres. La liquidación militar de la rebelión de Orozco llegó a ser inevitable, y la campaña fue corta, considerando el número de hombres de que dispuso y el área territorial que abarcaba. Huerta mandó a Villa y a sus hombres como fuerza de avanzada. Esta unidad derrotó a los rebeldes el 9 de mayo en Tlahualilo, a menos de 40 km al noroeste de Bermejillo, limpiando así el flanco derecho de la columna principal que avanzaba hacia el Norte. El primer encuentro entre las fuerzas principales ocurrió el 12 de mayo en las llanuras de Conejos, 48 km al norte de Bermejillo.

Orozco empezó a concentrar sus fuerzas en Rellano. A medida que se retiraban los rebeldes, destruían las líneas férreas y los puentes, así que el ejército federal avanzó lentamente, reparando los daños causados. Los encuentros de Tlahualilo y Conejos fueron acciones aisladas, pero ayudaron a concentrar al enemigo sobre el principal campo de batalla. Huerta aceleró su avance hacia el Norte y Orozco tenía que aceptar la batalla si deseaba bloquear el camino hacia la capital del Estado. El 22 y 23 de mayo se realizó la segunda batalla de Rellano. Ambas partes sufrieron fuertes pérdidas, pero los federales obtuvieron una victoria decisiva gracias al fuego efectivo de la artillería.

Los rebeldes no pudieron impedir que el ejército de Huerta llegara a Jiménez. De este punto Huerta envió fuerzas bajo el mando de Villa y del general Rábago, para ocupar Parral y proteger el flanco oeste y la retaguardia de la columna principal en su avance hacia el Norte. El plan consistía en que Villa y sus hombres se juntaran a la fuerza principal, preparándose para avanzar hacia Bachimba, que distaba aproximadamente 160 km al Noroeste y solamente 56 km de la ciudad de Chihuahua.

En Jiménez ocurrió un incidente que causó el retiro de Villa de las filas federales. Algunos soldados de Villa se apropiaron de una hermosa yegua. El dueño se quejó con el general Huerta, quien ordenó que el animal fuera devuelto. Cuando Villa desobedeció la orden fue arrestado y el general Huerta ordenó que fuera pasado por las armas. El prisionero estaba ya contra el paredón de fusilamiento cuando los coroneles Raúl Madero y Rubio Navarrete intercedieron con éxito ante el general Huerta para que suspendiera la ejecución. Un intercambio de telegramas trajo la orden de Madero para que Villa fuera conducido a la capital para ser enjuiciado bajo la acusación de insubordinación.

La División del Norte siguió hacia el Norte. Los rebeldes se limitaron a tácticas de retardamiento. A principios de julio las fuerzas de Orozco hicieron resistencia en el Cañón de Bachimba, pero fueron derrotados, y se retiraron a la ciudad de Chihuahua. Aun esta ciudad resultó insostenible, y los rebeldes tuvieron que retirarse a Ciudad Juárez. La campaña se terminaba. Justo a mediados de agosto, Ciudad Juárez se rindió a las fuerzas federales. El ejército rebelde se dispersó, formando bandas guerrilleras.

Huerta, con su jefatura dividida por el cambio de condiciones, regresó resentido a la Ciudad de México. Los honores con que Madero lo invistió no lograron mitigar su irritación, y la prensa opositora lo saludó como héroe. El ejército federal había servido con lealtad, y la administración pública y el prestigio del presidente habían sido reforzados; pero el ejército federal había recobrado su perdido prestigio. Al mismo tiempo la Revolución de Madero como potencia militar cayó en descrédito: Orozco había sido barrido y Villa emergía de la campaña deshonrado. Madero se había echado en brazos del ejército federal y la victoria sobre Orozco dio a ese ejército una preponderancia moral y material sobre el presidente.

Los conservadores no consideraban su causa perdida, así que pusieron los ojos en el movimiento encabezado por Félix Díaz. Este hijo del hermano de Porfirio Díaz, había sido favorecido por su tío. Poco tiempo después de haber sido preparado en el Colegio Militar, obtuvo una curul en la Cámara de Diputados. El joven ambicioso aspiraba a ser gobernador de Oaxaca, pero esta aspiración representaba un reto a los científicos. El general Díaz castigó la audacia de su sobrino enviándolo con un nombramiento diplomático a Chile. Más tarde, habiéndose congraciado de nuevo con su tío llegó a ser inspector de policía en el Distrito Federal.

Ese era su puesto cuando el régimen de Díaz fue derrocado. El sobrino del dictador caído se creía con derecho a la sucesión; pero reasumió su curul en la Cámara hasta que la nueva legislatura se instaló en septiembre de 1912. Entonces, cuando murió el gobernador Benito Juárez Maza, de Oaxaca, contendió contra Miguel Bolaños Cacho por el cargo vacante, pero fue derrotado en la elección. Después de que sus partidarios iniciaron una breve y abortada revuelta, Félix partió a Veracruz para organizar una rebelión contra el gobierno. Buscó y obtuvo su retiro del ejército y este hecho debió haber sido una voz de alerta para el gobierno. Sin embargo, la administración pública empezó a sospechar de él, pero no se procedió en su contra por falta de pruebas. En la madrugada del 16 de octubre, Félix Díaz se rebeló contra el gobierno. Fue apoyado por el 21 Batallón y una fracción del 19. Unas pocas horas después, los rebeldes controlaban la ciudad y habían capturado a su jefe; Díaz confiaba en que la flota y demás fuerzas secundarían el movimiento. Sin embargo, el comodoro Azueta se hizo cargo de la flotilla, reemplazó a los oficiales sospechosos por un personal de confianza, y mantuvo los barcos de guerra leales con sus cañones apuntando hacia los rebeldes. A pesar de esto, como todo principio de rebelión, el movimiento de Díaz había sido brillante.

En medio de esta difícil situación, Madero permaneció tranquilo y con confianza. Cuando se le informó del cuartelazo de Félix Díaz se dijo que Madero había declarado: "Mejor. De esta manera terminaremos con lo último del porfirismo". El Presidente dio órdenes al general Joaquín Beltrán para concentrar tropas cerca de Orizaba y de allí seguir para tomar de nuevo a Veracruz. Organizado el ejército, pero teniendo que esperar provisiones y artillería, el general Beltrán estableció su cuartel general en Tejería, estación del Ferrocarril Mexicano, a dieciséis kilómetros de distancia del puerto, que era su objetivo inmediato.

Félix Díaz esperaba y confiaba que el ejército apoyaría su rebelión. Se confinó en la ciudad marítima y no hizo ningún movimiento ofensivo. En el país no tuvo eco. Sin embargo, el general Beltrán no atacó y el gobierno impacientemente trató de lanzarlo a la acción. Tal vez la tardanza representaba la vacilación del ejército o el deseo de Beltrán de sondear de qué lado soplaba el viento de los sucesos.

El general Díaz trató de ganarse la fuerza federal que sitiaba Veracruz. El 21 de octubre el general Beltrán notificó al Cuerpo consular y al alcalde que daría una tregua de veinticuatro horas antes de atacar. Le dirigió un mensaje a Díaz, pidiéndole su rendición, pero el general Díaz se negó.

A las seis de la mañana del 23 de octubre la artillería federal abrió fuego contra la ciudad. A las ocho un cuerpo armado de infantería entraba en el puerto. Los atacantes eran entre dos y tres mil hombres, mientras que los defensores aproximadamente mil soldados y un número igual de voluntarios. En pocas horas la plaza fue capturada y Félix Díaz arrestado.

Para juzgar a los prisioneros se reunió una corte marcial extraordinaria en Veracruz, el 24 de octubre. Esta corte sentenció a Félix Díaz y a tres oficiales a la pena de muerte, a otros cinco a prisión, y dejó en libertad a los catorce acusados restantes.

Se recurrió a procedimientos legales para retrasar la ejecución de la sentencia. Los alegatos fueron presentados al juez del Distrito de Veracruz y a la Suprema Corte, en la capital, pidiendo que se dictara una orden basada en que Félix Díaz había renunciado al ejército antes de levantarse en armas y que, por lo tanto, no estaba sujeto a la justicia militar. La Suprema Corte, presidida por el licenciado Francisco Carbajal y dominada por los miembros nombrados por Porfirio Díaz, aprobó la demanda y ordenó suspender la ejecución. Se sugirió que Madero tomara medidas para impedir que el mensaje llegara a tiempo a manos de las autoridades de Veracruz, pero el presidente no quiso, pues esto sería proceder como don Porfirio, según lo expresó.

El gobierno celebró la derrota de Félix Díaz como una victoria. Madero, lleno de confianza en la legalidad de su posición, estaba más optimista que nunca. Tres rebeliones instigadas y apoyadas por los conservadores habían fracasado. Los tres levantamientos armados habían sido aplastados.

No obstante, la oposición estaba decidida a derrotar a Madero y a la Revolución. Según un observador, la derrota de Díaz en Veracruz avivó los deseos de todos los enemigos de Madero para procurar su caída. Los conspiradores de la oposición estuvieron activos desde el momento de la derrota de Félix Díaz. Se propagó el rumor de que se haría un intento de liberarlo. El gobierno mordió la carnada y arregló el traslado del prisionero a la Penitenciaría del Distrito Federal. La razón por la que los conspiradores deseaban este traslado muy pronto fue evidente.

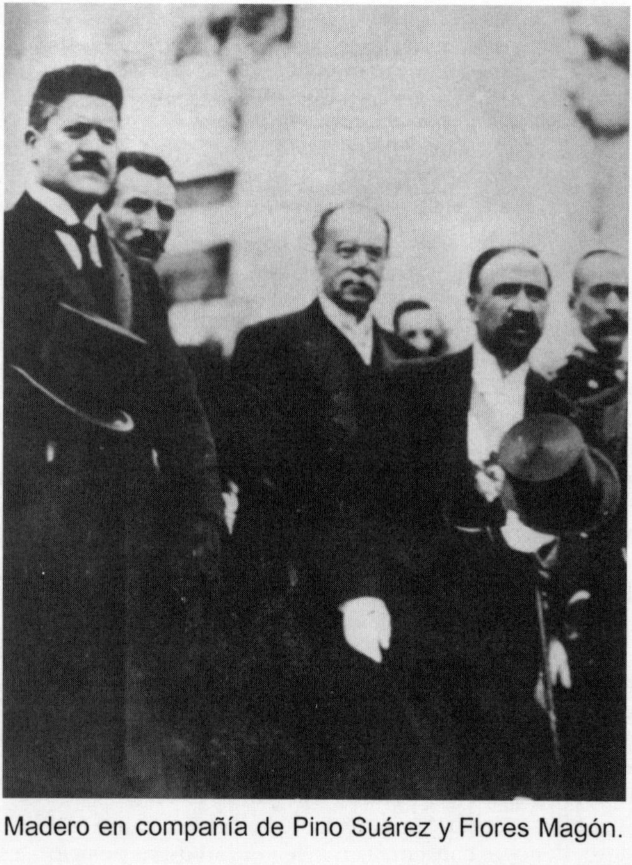

Madero en compañía de Pino Suárez y Flores Magón.

CAPÍTULO XII

La decena trágica

Madero, en un mensaje al Congreso en septiembre de 1912, declaró que "si un gobierno tal como el mío... no es capaz de durar en México, señores, deberíamos deducir que el pueblo mexicano no está preparado para la democracia y que necesitamos un nuevo dictador que, sable en mano, silencie todas las ambiciones y sofoque los esfuerzos de aquellos que no entienden que la libertad florece solamente bajo la protección de la ley". ¿Estaba el presidente empezando a apreciar la situación en forma más realista y a dudar de la eficacia de los fundamentos de su política en el medio mexicano?

El ejército no había traicionado al gobierno de Madero, pero ¿podía ser su conducta atribuida a la verdadera lealtad, o era que esperaba al hombre necesario en el momento preciso? El gobierno dependía casi enteramente de este ejército. La prensa de oposición y los líderes políticos continuaban obstaculizando la administración pública. Los terratenientes, que al principio miraban a Madero con burla, se mostraban temerosos de que se moviera más enérgicamente hacia la reforma agraria, y reforzando esta oposición estaban otros de miras económicas conservadoras, incluyendo los intereses financieros extranjeros.

Existía una atmósfera de inquietud. Los diputados revolucionarios resolvieron visitar al presidente para advertirle la gravedad de la situación y pedirle que dictara reformas más radicales. Los renovadores declararon que la contrarrevolución buscaba "destruir el Plan de San Luis Potosí y hacer que la Revolución de 1910 pasara a la historia como un movimiento estéril, hecho por hombres sin principios que ensangrentaron el suelo de la patria y la hundieron en la miseria". Argumentaban que el error del gobierno fue la creencia de que la contrarrevolución podía ser derrotada por la fuerza. Insistían en que la continuación y el completo apoyo de la opinión pública eran necesarios, y que los excesos de la prensa opositora habían contribuido a la pérdida del prestigio del gobierno, cuya naturaleza era híbrida.

Madero contestó que los renovadores estaban equivocados en sus temores y que nada malo iba a pasar. De un modo pesimista, el director de *Nueva Era* recalcó que se necesitaba valor para que uno se declarara maderista.

Los conservadores intensificaron sus esfuerzos para hostilizar el régimen de Madero. La prensa de la oposición martillaba incansablemente. *El Mañana* gritaba que "ahora es tiempo de salvar a la patria... Una renuncia haría milagros... La pedimos sin descanso". El embajador Wilson derramó un torrente de palabras en su informe, describiendo de la manera más sombría la difícil situación del gobierno de Madero.

Entonces había dos elementos en la conspiración. Los miembros del anterior Partido Científico tenían la vista fija en el general Jerónimo Treviño, quien gozaba de prestigio en el ejército. El segundo grupo incluía a Rodolfo Reyes, director político de su padre, el general Bernardo Reyes; el general Manuel Mondragón, representante de Félix Díaz; el general Gregorio Ruiz y don Cecilio Ocón. El complot se fraguó en La Habana y el primer resultado fue el traslado de Félix Díaz a la Ciudad de México. Ocón conspiraba convocando reuniones de los descontentos, sosteniendo a la prensa de oposición y conferenciando con oficiales del ejército. El Partido Católico conocía la conspiración y miembros suyos participaban en ella. El general Huerta, que estaba siendo tratado de la vista en el sanatorio del doctor Aureliano Urrutia, adicto clerical y consejero suyo, fue sondeado por algunos partidarios reyistas, quienes con el doctor, ayudaron a prepararlo para el papel que debía jugar. El disgustado militar sin duda era sólo un simple espectador en esta etapa del complot.

Los conspiradores se reunieron en casa del general Mariano Ruiz, en Tacubaya. Varios oficiales del ejército asistieron a esas sesiones, donde se formulaban los planes para la rebelión. Se planearon más de ocho proyectos. El golpe fue planeado en un principio para el primer día del año, pero se pospuso hasta el 5 de febrero. Cuando se descubrió que el vicepresidente Pino Suárez se había ausentado de la ciudad, se aplazó de nuevo para el martes 11 de febrero. La seguridad de que el gobierno conocía sus planes hizo que celebraran una sesión de emergencia el sábado 8 de febrero, en la noche, en la cual se decidió dar el golpe el día siguiente. Los conspiradores confiaban tanto en el éxito, que se abastecieron de alimentos y licores en Tacubaya para celebrarlo.

El gobierno tuvo algunos avisos acerca de la proyectada revuelta. En realidad, los rumores, fechas precisas, nombres de los individuos y regimientos comprometidos, eran noticias corrientes en la capital. Madero creyó que los informes eran exagerados y recibió estos avisos con indiferencia.

Los preparativos para el cuartelazo se hicieron detalladamente. El objetivo era liberar a Bernardo Reyes y a Félix Díaz, quienes servirían como líderes del movimiento. En las primeras horas de la madrugada del domingo 9 de febrero, el movimiento empezó simultáneamente en los suburbios de Tlalpan y de Tacubaya. En el primero de los lugares mencionados participaron trescientos alumnos de la Escuela Militar de Aspirantes, una institución de instrucción militar fundada por Díaz. De los cuarteles de Tacubaya vinieron trescientos dragones del Primer Regimiento de Caballería y cuatrocientos hombres del 2o. y 5o. Regimientos de Artillería. Esta fuerza, con algunas adicionales de los cuarteles de la ciudad, se dividió en dos columnas. Una sección se encaminó a la prisión de Santiago Tlatelolco, donde el general Reyes estaba encarcelado. Los guardias no ofrecieron resistencia y Reyes, que había sido avisado del cambio de fecha de la revuelta, salió de la prisión. Los otros prisioneros, buscando cómo escapar en la confusión del momento, se amotinaron e incendiaron el edificio. Más de cien prisioneros murieron en la pelea.

La misma columna avanzó hacia la Penitenciaría. Después de colocar un cañón cerca del edificio, se exigió la libertad de Félix Díaz. El director de la prisión telefoneó al ministro de Gobernación pidiéndole instrucciones, y se le ordenó resistir. Sin embargo, con sólo veinte hombres disponibles para defender la prisión, el director comprendió que la defensa era imposible y se rindió. Félix, que ignoraba que la fecha de la rebelión había sido anticipada, estaba rasurándose cuando llegaron sus libertadores. Terminó esta faena antes de unirse a sus camaradas en la marcha hacia el Palacio Nacional, que se creía en poder de la otra columna.

La segunda columna, compuesta de aspirantes y de una parte del Primer Regimiento de Caballería, había tomado posesión del Palacio Nacional. Gustavo Madero, que llegó al Zócalo, fue reconocido y capturado. También hicieron prisionero al ministro de la Guerra, García Peña, quien había sido herido levemente cuando trató de recuperar el Palacio Nacional. Cuando el general Lauro Villar, jefe militar de la plaza, descubrió la situación, reclutó algunas fuerzas leales y recobró el edificio. Doscientos treinta y dos aspirantes fueron arrestados, Gustavo Madero y García Peña fueron liberados y un personal leal fue puesto para resguardar el Palacio. Con su enérgica y valiente conducta el general Villar destruyó los planes de la rebelión. Se preparó a defender el Palacio: las fuerzas federales fueron estacionadas en la azotea; en la plaza, de un extremo hasta el otro enfrente del edificio, los soldados del 11o. batallón tomaron posiciones, y en los pórticos fueron colocados dos morteros y seis ametralladoras.

La columna encabezada por los generales Reyes, Díaz y Ruiz salió de la Penitenciaría y se encaminó hacia el centro de la ciudad. Las fuerzas rebeldes ocuparon una serie de calles paralelas que desembocan en el Zócalo. Entonces el primer grupo rebelde, guiado por el general Ruiz entró en la plaza, aproximándose a la puerta central del Palacio Nacional, que creían en poder de los aspirantes. El general Villar y Adolfo Bassó, intendente de Palacio Nacional, pistola en mano, forzaron al obeso general Ruiz a rendirse.

Pocos momentos después el general Reyes apareció a la cabeza de algunos soldados. Villar le ordenó detenerse y rendirse, pero el líder rebelde continuó avanzando, se dio la orden de fuego y el general Reyes cayó acribillado a balazos. Su hijo Rodolfo recordó que había dicho a su padre que se detuviera en vista de la situación, pero que parecía que "estaba como encantado" y contestó con acento fatalista: "La columna debería pararse, no yo. Lo que va a suceder, que suceda y ya". Rodolfo aseguraba que su padre tenía la fiebre de la desesperación, de la humillación y del pesar; "Incesantemente esperaba que la muerte viniera a liberarlo". El general Reyes parecía decidido a no sobrevivir a otro fracaso.

El principio del fuego fue la señal de la batalla, que duró cerca de diez minutos, entre las fuerzas leales que defendían al Palacio y los rebeldes que ocupaban los pórticos, los edificios y las calles del lado oeste de la plaza. Muchos civiles fueron víctimas de este mortífero fuego cruzado. Cuando el combate cesó, casi tan bruscamente como había empezado, la plaza presentaba un aspecto de desolación. Más de cuatrocientas personas, la mayoría civiles, habían muerto, y cerca de mil estaban heridas. El general Villar quedó herido en la clavícula izquierda y esto hizo necesario nombrar un nuevo jefe federal. Reyes murió y Félix Díaz retiró sus fuerzas de la plaza principal para atacar la Ciudadela.

Mientras tanto en el Castillo de Chapultepec, Madero había sido informado de los acontecimientos ocurridos aquella madrugada. Cuando supo que el Palacio Nacional estaba una vez más en poder de las fuerzas leales, se decidió a ir allí, considerando que éste era el lugar que le correspondía. Montando en un magnífico caballo y escoltado por la guardia presidencial y los cadetes del Colegio Militar, Madero prosiguió a lo largo del Paseo de la Reforma en dirección al Palacio Nacional. Aunque de temperamento nervioso y emotivo, el presidente una vez más demostró su serenidad en los momentos difíciles. Cabalgó serenamente a lo largo del paseo, sonriendo y saludando a las personas que vitoreaban al valiente jefe del Ejecutivo. Cuando la comitiva presidencial llegó al fin de la avenida Juárez, cerca del Teatro Nacional, se oyó un nutrido fuego que venía del Palacio Nacional, y entonces el presidente resolvió esperar el resultado de la batalla del Zócalo. Ya que algunas balas llegaban de un edificio adyacente, una de las cuales mató a un policía que estaba muy cerca de Madero, el grupo presidencial se refugió en el Estudio Fotográfico Daguerre. Con Madero estaban los ministros Hernández, Bonilla, Ernesto Madero y el general Huerta.

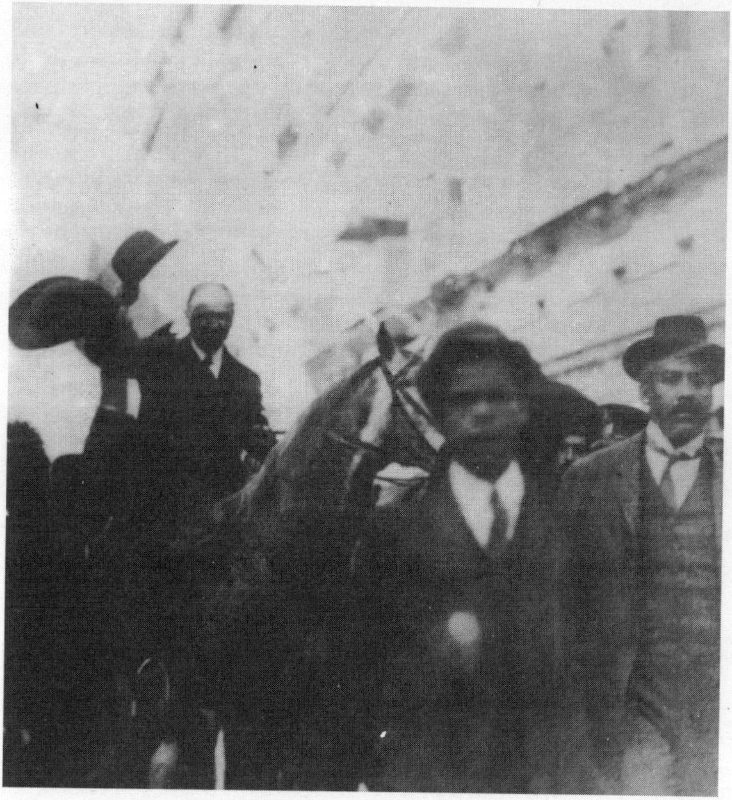

Madero cabalga hacia el Palacio Nacional, el 9 de febrero de 1913.

Se recibió la noticia de que el ataque de los rebeldes contra el Palacio Nacional había sido repelido, y Madero se preparó para continuar la marcha. Una multitud se reunió fuera de la tienda y el Presidente apareció en el balcón para recibir una ovación. Montó de nuevo en su caballo y se encaminó hacia el Palacio Nacional. El primer problema que se le presentó fue el de nombrar sustituto para el herido general Villar. Contra su propio juicio y a pesar de su profunda aversión, Madero, al parecer por recomendación del ministro de la Guerra, García Peña, nombró a Victoriano Huerta jefe militar de la plaza, para organizar la defensa y dirigir el ataque contra los rebeldes. Cuando el fiel Villar supo que Huerta había sido nombrado en su lugar, le advirtió al nuevo jefe: "Mucho cuidado, Victoriano, ten cuidado".

Los rebeldes se retiraron del Zócalo, pero dejaron un pequeño grupo de aspirantes en las torres de la catedral. Estos permanecieron allí aislados durante dos días. Finalmente, disfrazados de curas de la catedral lograron escapar. El núcleo principal de los rebeldes se reunió cerca de la estatua de Carlos IV, donde la Avenida Juárez se junta con el Paseo de la Reforma, y de este punto se movió al Sur, hacia la Ciudadela. Los rebeldes ocuparon las cuatro calles que conducían a la fortaleza, emplazando cañones y ametralladoras, y poco tiempo después, antes del mediodía, la Ciudadela se les rindió.

La vieja fortaleza, que hasta entonces había servido como fábrica de armas y bodega, es un edificio largo de un solo piso, con muros de más de un metro veinte centímetros de grueso. Rodeado de anchas calles, domina todo el frente, con excepción de la prisión de Belem, al Sudeste. Hacia el Sur estaba un pequeño espacio que separaba el área de algunas casas privadas. Hacia el Oeste, el parque de Artillería y algunas casas, y hacia el Noroeste, el jardín de Carlos Pacheco. La fortaleza es un monumento histórico; en la época de Juárez, el edificio fue ocupado por los rebeldes durante la revuelta del general Negrete, pero el general Sóstenes Rocha la recapturó y sofocó la rebelión en unas horas.

En 1913 la Ciudadela estaba menos acondicionada para resistir un asalto que en 1871. Porfirio Díaz había modificado los formidables y sólidos muros, agregándoles un número de ventanas. La fortaleza ya no domina la ciudad, que ha crecido especialmente hacia el Oeste. Aunque habían acumulado provisiones dentro de la Ciudadela, los rebeldes encerrados allí estaban destinados, en apariencia, a perecer con el tiempo o por la fuerza. El gobierno pudo obtener refuerzos y mantener un apretado bloqueo, y tomó la iniciativa.

Sin embargo, siguieron diez días de movimiento militar. Fueron diez días de terror, sufrimiento y muerte para un sinnúmero de no combatientes, y con enormes daños a la propiedad. La artillería federal fue mal instalada e ineficazmente empleada. Las tropas leales se enviaban para ser aniquiladas por los que se defendían atrincherados y que recibían abastos de afuera, a pesar del "sitio" federal. La farsa sangrienta fue jugada hasta la última carta con una fría indiferencia para las inocentes víctimas.

Después de tomar la fortaleza, los rebeldes se desplegaron sobre la azotea que tenía una trinchera de rieles de treinta y nueve pulgadas. Como el asalto no se llevó a cabo inmediatamente, los rebeldes tuvieron tiempo de instalar sus cañones en las calles. Una calma artificial siguió a los acontecimientos de la mañana. Las calles de la ciudad estaban enteramente desiertas, exceptuando pequeños grupos de individuos que, asustados, se reunían en las esquinas. En el Palacio Nacional, Madero notificó a los gobernadores que había ocurrido una fracasada revuelta y que el orden había sido restablecido. Su informe fue prematuro, como lo reveló la caída de la Ciudadela en poder de los rebeldes.

Tan pronto como fue conocida la verdadera situación, Madero empezó a consultar a su gabinete. Los consejeros confirmaron el nombramiento de Huerta, acordaron llamar a Rubio Navarrete, de Querétaro, para comandar la artillería federal, y discutieron para pedir a la Comisión Permanente del Congreso poderes extraordinarios de Guerra y Hacienda. El gobierno telegrafió a los destacamentos cercanos ordenándoles concentrarse a la ciudad para pelear contra los rebeldes. El gabinete sugirió que Madero buscara su seguridad fuera de la ciudad, y se propuso que el ministro Bonilla visitara a los gobernadores del Norte para procurar refuerzos y un posible refugio para el gobierno si se hacía necesario tomar esta medida. Madero decidió ir a Cuernavaca a traer al general Ángeles y a sus fuerzas a la capital.

Antes de que Madero saliera de la Ciudad de México ocurrieron dos episodios desagradables. En un jardín que está al lado de la oficina principal, dentro del Palacio Nacional, el general Ruiz y quince aspirantes fueron fusilados. Aunque no se sabe con seguridad quien ordenó este acto, no hay ninguna duda de que el general Huerta se apresuró a ejecutarlo. Se ha sugerido que su conducta fue motivada por el deseo de demostrar su lealtad y silenciar las protestas contra su nombramiento, o silenciar a Ruiz, que conocía sus contactos con los jefes rebeldes. El segundo episodio se refiere a los ataques de la multitud contra los edificios de la prensa opositora, que la opinión popular con indignación culpaba de provocar la rebelión. La multitud trató de saquear y quemar las oficinas de *El País, La Tribuna, The Independent Herald* y el *Noticioso Mexicano.*

Madero partió para Cuernavaca en un coche abierto, cerca de las tres de la tarde; iba acompañado por sus ayudantes, capitanes Federico Montes y Gustavo Garmendia, el diputado Alejandro Ugarte, el estenógrafo Elías de los Ríos y Alfredo Álvarez. Madero aseguró a sus compañeros que llegaría a Cuernavaca sin novedad. En Tres Marías encontraron un tren militar que se dirigía al Sur, escoltado por setenta y cinco hombres. Madero aceptó continuar el viaje en el tren para mayor seguridad.

En el último vagón, la conversación llegó a enfocarse en el tema de la rebelión en la capital. Madero, lleno de confianza, predijo que sería aplastada tan pronto pudiera reunir fuerzas suficientes. Cuando el capitán Garmendia recomendó que una vez que los rebeldes fuesen derrotados debían ser todos pasados por las armas, Madero, riéndose, desechó el consejo diciéndole: "No te preocupes, Garmendia, todo se arreglará del mejor modo". Esto impulsó a Álvarez a preguntar a Madero si había pensado que si él caía en manos de los rebeldes, lo perdonarían. Madero contestó secamente con una negativa. Siguió un largo y significativo silencio. Algunos de sus compañeros estaban preocupados por el nombramiento de Huerta como jefe militar. Madero admitió que la designación fue un compromiso del momento, que no le gustaba, y dijo que a su regreso Huerta sería removido.

El general Ángeles lo esperaba en la estación de Cuernavaca y tuvieron una larga conversación en el Hotel Bellavista. Se acordó que Ángeles movilizaría sus tropas y las llevaría a la capital. Álvarez informó que Madero también discutió un plan por el cual Ángeles reemplazaría a Huerta como jefe de las fuerzas. Ambos, el general del ejército y el presidente, estaban de acuerdo en que la obligación de Madero era permanecer en su puesto mientras los militares aplastaban la rebelión. Se prepararon para regresar a la ciudad de México al día siguiente.

El domingo por la tarde el gobierno ordenó la movilización de todas las fuerzas cercanas, y telegrafió a los jefes de algunas zonas y a los gobernadores diciéndoles que concentraran todas las fuerzas disponibles en un lugar cerca de la capital. Esa noche una quietud llena de ansiedad prevaleció en la ciudad. Solamente los vehículos de la Cruz Roja y de la Cruz Blanca circulaban por las calles lentamente. La Embajada norteamericana rápidamente fue convertida en un centro de refugio. Desgraciadamente, las actividades del embajador no estaban dirigidas a ese laudable esfuerzo. Su conducta durante la Decena Trágica hizo a Márquez Sterling tildar a la Embajada norteamericana como "centro de conspiración".

La ciudad despertó el lunes en un profundo silencio. Las casas de comercio estaban cerradas. El 10 de febrero fue el segundo día de expectación. Ese día se celebró una plática entre Félix Díaz y un comisionado del general Huerta en la pastelería El Globo, situada en el centro de la ciudad. En apariencia, se arregló una entrevista entre los dos jefes principales para el día siguiente.

Esa tarde el presidente regresó a la capital con más de mil hombres bajo las órdenes del general Ángeles. Los rurales habían llegado de Celaya y de San Juan Teotihuacán, y los recién llegados fueron estacionados a lo largo del Paseo de la Reforma, término oeste de la línea de fuego del gobierno. Madero encontró la situación en el mismo estado que cuando salió para Cuernavaca. La Comisión Permanente del Congreso había votado dándole plenos poderes al Ejecutivo en las dependencias de Hacienda y Guerra. Los rumores acerca de las conferencias de El Globo parecían confirmar la creencia de Gustavo de que Huerta formaba parte de la conspiración y fortaleció la determinación de Madero para reemplazarlo. Cuando esta cuestión se discutió en el gabinete se suscitó la objeción de elevar a Ángeles sobre un jefe que tenía un rango más alto. En vista de esto y de las efusivas protestas de Huerta acerca de su lealtad, Madero imprudentemente desistió de la cuestión. Ángeles fue puesto a cargo del sector "oeste".

De la Barra dijo que, movido por "el patriotismo y la humanidad", le ofreció en una carta que escribió al presidente servir como intermediario entre el gobierno y los rebeldes, para encontrar una solución pacífica. Madero le contestó que no estaba dispuesto a tratar con los rebeldes. El día terminó con las calles desiertas y un ataque inesperado contra los rebeldes.

El martes la ciudad se hallaba en estado de sitio. Los rebeldes, durante los días de espera, habían ocupado todos los edificios alrededor de la Ciudadela con una fuerza de avanzada que ocupaba el edificio de la Y.M.C.A. Finalmente, cerca de las diez de la mañana, el ataque del gobierno, largamente esperado, empezó con un terrible bombardeo. Este fuego fue vigorosamente contestado por los rebeldes. La ciudad retemblaba con el estampido de los cañones, con el traqueteo de las ametralladoras y con el ruido de la fusilería. Muchas granadas estallaron en San Francisco y calles adyacentes, y las ventanas y la luz eléctrica fueron dañadas por la atroz lluvia de fuego. Muchos curiosos perecieron y otros fueron heridos.

Los federales atacaron la fortaleza por cuatro lados, lanzando varios asaltos contra el enemigo. Ocho horas duró la furiosa batalla. El fuego cesó a las seis de la tarde. La lucha del día terminó con insignificantes cambios de la situación y sin aparente ventaja para ninguno de los bandos, aunque los rebeldes habían capturado y conservado el parque de Ingenieros. Las bajas entre muertos y heridos eran más de quinientas. Esa noche un silencio de terror siguió al clamor de la batalla, de vez en cuando interrumpido por esporádicas descargas de ametralladora.

Ese martes, a las 10:30 de la mañana, a escasos quince minutos de que empezó la ofensiva federal, el general Huerta y Félix Díaz dialogaban en casa de Enrique Cepeda, en la calle de Nápoles, de la Colonia Roma. Cepeda sirvió durante la Decena Trágica como emisario entre Huerta y la Embajada norteamericana, y entre Huerta y los rebeldes de la Ciudadela. En esta conferencia se selló la caída de Madero, pero la decisión de cuándo ocurriría se la reservó Huerta. El primer fruto del pacto se produjo en las horas avanzadas de esa tarde, cuando a un destacamento de las fuerzas rurales leales se le ordenó avanzar al descubierto sobre la calle de Balderas. Las ametralladoras de los rebeldes de la Ciudadela y las de la Y.M.C.A. hicieron pedazos la cerrada formación de los rurales.

Madero aún tenía confianza en el futuro, y por eso dijo a Vasconcelos:

"Luego que pase esto cambiaré el gabinete. Son muy honorables todos mis ministros, pero necesito gente más activa. Sobre ustedes los jóvenes caerá ahora la resposabilidad. No me van a decir que no. Verá usted; esto se resuelve en unos días, y, enseguida, reharemos el gobierno, tenemos que triunfar porque representamos el bien". (Vasconcelos, *Ulises criollo,* pág. 432.).

El tercer día de la rebelión, Henry Lane Wilson informó que "la opinión pública, la nacional y la extranjera, tanto como puedo apreciarlo, parece estar en su inmensa mayoría a favor de Díaz". Él desestimó la fuerza federal, exageró la magnitud de la fuerza rebelde y se quejó del fuego no dirigido a objetivos precisos y de los enormes daños a la propiedad.

En la mañana del miércoles (12 de febrero) se reanudó el fuego, pero fue casi totalmente centralizado en la zona de la Ciudadela, donde la intensidad de la lucha era mayor y abarcaba la posesión de la sexta Delegación de Policía, en las esquinas de las calles de Victoria y Revillagigedo. En las primeras horas del día los rebeldes se apoderaron de ese lugar, y el fuego que venía de allí desemplazó tres cañones federales. A hora más avanzada de la mañana, después de una terrible lucha, las fuerzas federales de vanguardia capturaron el edificio, y aprovechando la ventaja avanzaron a lo largo de la calle de Revillagigedo hacia el jardín de Carlos Pacheco. Sin embargo, el fuerte fuego directo forzó a los federales a retirarse de la posición avanzada. Se lanzaron otros ataques desde el Este a lo largo de Arcos de Belén y del lado sur. Los primeros esfuerzos dieron como resultado un costoso avance hacia el frente de la prisión. En el último ataque avanzaron unas cuantas decenas de metros.

Como resultado del ataque del Sur, en el cual los rebeldes concentraron sus cañones, fue abierta una brecha en la esquina noroeste de la prisión de Belem, que alojaba a cinco mil prisioneros. Hubo una tumultuosa revuelta para tomar ventaja de la situación. Muchos reclusos murieron, algunos fueron capturados y llevados a la Penitenciaría, y cierto número escapó y se unió a los rebeldes en la Ciudadela. Al mediodía se suspendió la lucha mientras algunos diplomáticos extranjeros trataban de señalar una zona neutral, pero cerca de las cuatro de la tarde empezó de nuevo y duró hasta las primeras horas de la mañana siguiente.

La ciudad presentaba un aspecto terrible. No había luz en muchas calles y se carecía de policías y de otros servicios públicos. Se empezaban a descomponer los cadáveres de los que habían perecido en las zonas de combate. Los cuerpos se apilaban en las calles, se impregnaban de petróleo y se quemaban con la esperanza de evitar una epidemia. Empezaron a faltar artículos de primera necesidad y los precios se elevaron exageradamente. Los soldados del gobierno estuvieron racionados durante los dos primeros días de la lucha, y Gustavo Madero, de sus propios fondos, compró diez mil emparedados diariamente para alimentar a los soldados leales.

En el cuarto día de lucha se confirmó que había pruebas circunstanciales del complot. Rubio Navarrete, después de conferenciar con Huerta la noche anterior, dijo a Madero que quería modificar sus predicciones optimistas. Le manifestó ahora que los muros de la fortaleza eran tan gruesos que no podría demolerlos con el equipo que tenía. El embajador Wilson estuvo muy activo la noche del miércoles, haciendo manifestaciones similares al gobierno y a los rebeldes. De acuerdo con su uniforme, en nombre de los diplomáticos que lo acompañaban, protestó por la continuación de las hostilidades y la pérdida de vidas y propiedades norteamericanas, y declaró que estando el Presidente de los Estados Unidos preocupado de lo que ocurría, "había ordenado a barcos de guerra dirigirse a varios puertos... y que marinos desembarcarían si fuese necesario, y serían traídos a la ciudad para mantener el orden y proteger las vidas y propiedades extranjeras". A pesar de las instrucciones, el embajador usaba un lenguaje de "carácter amenazador" contra el gobierno. La interpretación que dio a la reacción producida por sus declaraciones fue una vez más característica de sus torcidos puntos de vista.

El jueves, 13 de febrero, fue un día de terrible bombardeo que se prolongó hasta la noche. Una bomba disparada de la Ciudadela estalló en las puertas del Palacio Nacional. Las baterías del general Ángeles colocadas cerca de la Estación del Ferrocarril Nacional, causaron daños considerables en la zona residencial, pero el bombardeo a la Ciudadela le causó poco daño. No fue difícil descubrir la razón. El lugar donde las baterías federales estaban emplazadas era tal, que el ángulo de trayectoria no apuntaba contra los de la fortaleza. Además, las metrallas usadas en los cañones no podían penetrar en los muros, solamente podían destruir el techo o herir a los que se exponían al fuego directo.

Los rebeldes trataron de tomar la torre de la iglesia de Campo Florida, pero las tropas federales los rechazaron causándoles numerosas bajas en una batalla que duró una hora. Las posiciones al terminarse el día eran casi las mismas, pero el radio de actividad de los rebeldes parecía haberse extendido un poco. El gobierno continuó concentrando más tropas. Entre los refuerzos que llegaron ese día hubo una unidad de cien hombres que trajo dos millones de cartuchos de Veracruz.

El bombardeo continuó el viernes 14 de febrero con variada intensidad. Las fuerzas federales lucharon avanzando casi hasta las puertas de la Y.M.C.A., pero se vieron obligadas a retroceder. El gobierno se sintió más fuerte porque se informó que el general Rivera venía a la capital, de Oaxaca, con novecientos hombres, y el general Blanquet había llegado de Toluca con el Batallón 29. El último había telegrafiado afirmando su lealtad el día 10, pero los rumores continuaron circulando acerca de la veracidad de sus intenciones. En vez de entrar a la capital, Blanquet acampó en las afueras de la ciudad.

Los grandes acontecimientos del viernes ocurrieron en los círculos diplomáticos más bien que en el campo de las operaciones militares. El gobierno estaba preocupado por la prolongación de las hostilidades y por la amenaza de complicaciones internacionales. Por tanto, Madero accedió a aceptar los servicios como mediador del ministro español, Cólogan, y de De la Barra. La noche anterior De la Barra habló con el general Ángeles acerca de la colocación de cañones cerca de la Legación Británica, y durante el curso de la conversación había tocado el tema de una posible solución de las dificultades. Ángeles repitió la conversación al presidente Madero, quien invitó a De la Barra al Palacio Nacional a las diez de la mañana del viernes. De la Barra fue autorizado para hablar con los generales Díaz y Mondragón acerca de un armisticio para permitir a los civiles que salieran de las zonas de peligro, y para que se realizaran las negociaciones encaminadas a resolver el conflicto. De la Barra llegó a la Ciudadela y tuvo que esperar un poco mientras el ministro Cólogan hacía un inútil esfuerzo con igual objetivo.

El emisario de paz hizo ver al jefe rebelde la situación difícil y el peligro internacional. Díaz y Mondragón repitieron lo que le habían dicho al ministro Cólogan, que la condición para las negociaciones era la renuncia del presidente Madero, la del vicepresidente Pino Suárez y la del Gabinete. Después de la entrevista, De la Barra dio cuenta a Madero del resultado y éste declaró que bajo ninguna circunstancia estaría dispuesto a renunciar. El presidente examinó la situación con los miembros de su gabinete. La mayoría presente, exceptuando a Bonilla y Jaime Gurza, apoyaron la idea de la renuncia para evitar la intervención extranjera implícita en las declaraciones del embajador Wilson.

Madero decidió telegrafiar al Presidente Taft para saber la verdad. En su mensaje le decía que los norteamericanos no correrían ningún peligro si salían de la zona de combate hacia otras partes de la capital o suburbios, que el gobierno aceptaba toda la responsabilidad por los daños causados a la propiedad, y que estaba tomando todas las medidas para evitar los perjuicios posibles y para terminar pronto la difícil situación.

Despachando este mensaje, Madero dijo a su Gabinete que no renunciaría. Y refiriéndose al telegrama enviado al Presidente Taft declaró con optimismo: "Ahora ustedes verán cómo se tratan las intrigas de este mal embajador".

Pero las actividades de Wilson continuaron. Esa misma mañana el ministro de Relaciones Exteriores, Lascuráin, visitó la Embajada norteamericana. Wilson "trató de impresionarlo con el hecho de que la opinión pública, tanto la mexicana como la extranjera, hacían responsable al gobierno federal por esta situación", y le urgía "tomar alguna medida inmediata que condujera a las negociaciones". Wilson sugirió la conveniencia de convocar al Senado y de acordar un armisticio.

En apariencia, la sugestión de Wilson dio resultado. A las cuatro de la tarde una docena de senadores se reunió en casa del senador Camacho. El ministro Lascuráin asistió y discutió la situación, en particular la amenaza de la intervención norteamericana. Deseando una base más amplia de apoyo para tomar cualquier acción, el grupo decidió llamar a sesión plenaria al Senado para las siete de la mañana del día siguiente. Lascuráin hizo una convocatoria formal en nombre del Poder Ejecutivo.

El embajador Wilson también trató de persuadir a algunos de sus colegas del cuerpo diplomático para presionar a Madero a que renunciara. Pidió a los ministros inglés, alemán y español que asistieran a la Embajada en las primeras horas de la mañana del 15 de febrero. Después de que los colegas llegaron, el diplomático norteamericano dio rienda suelta a sus obsesiones y temores: que Madero era inepto, que el saqueo por las chusmas era inminente y que las hordas de Morelos entrarían en la ciudad. Aunque el país estaba en calma, y solamente en la capital se luchaba, Wilson trató de hacer creer que la nación toda ardía en llamas de rebelión. Como resultado de la sesión, que duró dos horas, los diplomáticos, como Wilson lo expresó, convinieron en una "idéntica opinión" para asumir la responsabilidad de hacer una solicitud extraoficial de que Madero renunciara. El ministro español fue el designado para representarlos ante el presidente mexicano.

El sábado por la mañana se reunieron en la Cámara veinticinco senadores. Por no haber el quórum reglamentario, los asistentes procedieron a celebrar una sesión privada. Durante las cuatro horas que duró la sesión el ministro Lascuráin habló de la difícil situación internacional y De la Barra narró sus inútiles esfuerzos de mediador. Los senadores acordaron que era necesario salvar la soberanía nacional por medio de la renuncia del presidente y del vicepresidente. Se constituyeron en Comité, nombraron a dos de sus miembros como portavoces, y se encaminaron hacia el Palacio Nacional acompañados por Lascuráin.

El comité Senatorial iba presidido por el ministro Cólogan. El diplomático español cumplió el encargo en nombre de sus colegas. Madero contestó que él era el presidente constitucional y que su renuncia envolvería al país en un caos. Con dignidad dijo que él "no reconocía el derecho a los diplomáticos de mezclarse en los asuntos internos", y que "moriría en defensa de sus derechos como presidente electo legalmente". Madero se negó a recibir a los senadores que habían llegado con una misión análoga. En su lugar se encontraron con algunos miembros del Gabinete, incluyendo a Ernesto Madero, quien les informó que el presidente había salido con el ministro de la Guerra a visitar las posiciones de las fuerzas del gobierno.

Esa tarde, Wilson y el ministro alemán, von Hintze, visitaron el Palacio Nacional con el objeto de ver al general Huerta para tratar de arreglar un armisticio y tomar algunas medidas humanitarias. El informe del embajador contenía algunas quejas inesperadas y observaciones:

> Al llegar a Palacio fuimos conducidos ante el Presidente, a quien no habíamos solicitado ver. No fue sino después de muchos ruegos cuando nos permitió entrevistar al general Huerta, y solamente en presencia del señor Lascuráin... Había un marcado interés en impedirnos hablar a solas con el general.

Madero mostró a Wilson el telegrama que había enviado al presidente Taft en relación con la visita de Cólogan y la amenaza de intervención. En dicho telegrama Madero decía que el embajador norteamericano había instigado para que renunciara, y expresaba su preocupación por la amenaza del diplomático de que desembarcarían tropas. Sin embargo, Madero trató entonces de cambiar la actitud del diplomático por medios lógicos y delicadas consideraciones. Estuvo de acuerdo con la idea de un armisticio de 24 horas que empezaría a las dos de la mañana del día siguiente (domingo); pero no pudo convencer a Wilson de que la situación del país estaba en desacuerdo con sus informes.

El sábado no fue un día de lucha intensa, aunque continuaron el bombardeo y el fuego de las ametralladoras. En las primeras horas del domingo el pueblo empezó a salir de sus casas en busca de alimentos. Los que habían sido sorprendidos en sus residencias, dentro de la zona de peligro, tomaron ventaja del sosiego de la lucha para dejar sus casas por lugares seguros, pero cerca de las dos de la tarde, sin aviso alguno, se reanudó el bombardeo. Muchas personas resultaron heridas por el inesperado rompimiento de las hostilidades. El gobierno declaró que los esfuerzos de los rebeldes para robustecer sus posiciones hacían necesarias estas medidas. Henry Lane Wilson se precipitó al Palacio Nacional para protestar. Márquez Sterling, que salía del Palacio, informó que el "nervioso y excitado" diplomático culpó al gobierno de avanzar y tomar "posiciones en las proximidades de la Ciudadela".

Hacía solamente tres horas que Wilson había informado confidencialmente a Washington que "el general Huerta me había expresado el deseo de hablarme y lo veré durante el día... Espero buenos resultados de esta entrevista". A media noche Huerta le envió un mensaje, diciéndole que le sería imposible asistir a la cita, pero que "esperaba tomar esa noche medidas para terminar la situación". Tal vez la imposibilidad de Huerta para conferenciar con el embajador se debió a la embarazosa situación en que se encontraba esa tarde.

Un oficial que era leal al gobierno oyó la noticia de que durante el periodo del armisticio llegaban provisiones a los rebeldes sitiados en la Ciudadela. Investigó y vio que 18 carros cargados de provisiones entraban a la fortaleza. El oficial Rubén Morales informó de eso a Madero, quien llamó al general Huerta y le exigió una explicación. Al principio Huerta negó la información, pero ante un testigo ocular, admitió la veracidad de la información. Dijo que los rebeldes, faltándoles provisiones, se dispersaban y propagaban la rebelión por la ciudad; que si estuviera autorizado, mandaría a los felicistas mujeres y licores para que permanecieran contentos y reunidos, y que así, el día que la fortaleza se rindiera no quedaría un solo felicista libre en la ciudad.

Esta lógica no era muy convincente, pero Huerta insistió y luego varió la conversación sobre el tema de los ataques. En vista de que los asaltos durante el día no daban resultado, Morales sugirió un ataque nocturno. Madero y Pino Suárez estaban entusiasmados. El general Huerta bruscamente preguntó que si esto no implicaba una falta de confianza en su habilidad, cuando se insistía en un plan que él no aprobaba. El jefe federal se levantó y poniendo sus manos en los hombros de Madero dijo: "Usted está en los brazos del general Victoriano Huerta". Los acontecimientos posteriores exhibieron esta declaración como el credo de la traición, pero el presidente quedó desarmado por la aparente sinceridad de su jefe.

El lunes el fuego continuó con más o menos intensidad. En casa del senador Camacho se reunió un pequeño grupo de legisladores, pero no pudieron ponerse de acuerdo sobre el curso de la acción a tomar.

Los senadores Pimentel y Obregón fueron a visitar al general Blanquet, en Tlaxpana, a fin de explorar su pensamiento. El general Blanquet les manifestó que Huerta había estado allí y que sería imposible asaltar con éxito la Ciudadela, porque para hacerlo el gobierno necesitaría diez mil hombres. Sugirió que informaran a Huerta de la reunión de los senadores. Pimentel y Obregón visitaron a Huerta y le dijeron que ellos consideraban conveniente que hablara con el presidente.

El general Huerta envió al embajador Wilson un mensaje en que le decía que "podía anticipar alguna acción que forzara a Madero a dejar el poder en cualquier momento y que los planes estaban ya maduros". El diplomático informó que no hizo ninguna pregunta ni sugerencia "más allá de pedir que no se fusilara a nadie sino por los debidos procedimientos legales [!]". Los planes, en realidad, se estaban madurando. El general Blanquet rehusó, aparentemente por algún previo arreglo, poner su batallón en la línea de sitio. Al contrario, esa tarde esta fuerza fue asignada al Palacio Nacional. Wilson correctamente interpretó esto como parte del plan de Huerta para sacar todos los "soldados puramente maderistas" fuera del Palacio y reemplazarlos por "soldados en quienes podía confiar". Con razón el embajador esperaba "importantes acontecimientos al día siguiente". Dijo confidencialmente al representante de Cuba que "mañana todo habrá terminado, señor ministro". Años más tarde Henry Lane Wilson tuvo la audacia de declarar que "yo no supuse ni por un momento que un violento golpe de Estado ocurriría o que Madero se vería sometido a la presión de circunstancias aplastantes".

A medida que la trama de la traición envolvía a Madero, un acontecimiento inesperado estuvo a punto de romper en pedazos los proyectos tan bien concebidos. Gustavo Madero se había convencido, desde el principio de la rebelión, de que el general Huerta estaba implicado en el complot. Instó a Francisco a que reemplazara a Huerta en el mando. Cuando un amigo, el diputado Jesús Urueta, cuya casa estaba junto a la de Cepeda en la calle Nápoles, informó de la reunión de Huerta y Díaz, Gustavo inútilmente trató de que su hermano actuara. En la noche del 17 Gustavo supo que la situación exigía una acción inmediata. Audazmente, pistola en mano, hizo a Huerta prisionero entre las protestas de inocencia y lealtad del general.

Eran las dos de la mañana cuando el presidente supo este incidente. Ordenó que el general fuese llevado ante su presencia y se le permitió defenderse. Huerta alegó que no deseaba iniciar un ataque mal preparado, exponiendo al presidente a una derrota, y recordó que al principio de su victoriosa campaña en Chihuahua también su tardanza había sido criticada. Huerta juró que era fiel y prometió que al día siguiente lo probaría. Madero, al parecer, quedó impresionado, porque dio al general veinticuatro horas para dar pruebas de su inocencia; pero le dijo que si pasaba el término señalado sin resultado alguno, se inclinaría a creer la acusación. A solicitud de Huerta, el presidente personalmente le devolvió la pistola. A Gustavo lo reprendió por actuar "arrastrado por impulsos".

El martes por la mañana circularon por la ciudad rumores de un nuevo armisticio, pero desde tempranas horas se continuaron oyendo disparos. Cerca de las diez horas empezó un decisivo bombardeo en el área del Palacio Nacional, que procedía de la

Ciudadela. Después de una hora el fuego se hizo más y más débil hasta haber intervalos de casi una hora entre las descargas. La fase de la lucha giraba hacia una suspensión de las hostilidades, como para permitir que el engaño y la traición ocuparan el centro de la escena.

En las primeras horas de esa mañana Huerta invitó al presidente de la Suprema Corte, Francisco Carbajal, y a un grupo de senadores, a su oficina. Cuando llegó Carbajal, Huerta ofreció poner sus fuerzas a la disposición de la Corte. El licenciado Carbajal contestó que él no representaba a la Corte y que no estaba autorizado para hacer arreglos. En este momento nueve senadores, que eran resueltamente antimaderistas, llegaron a la oficina de Huerta. El senador Guillermo Obregón informó al general de la visita a Blanquet y afirmó que hablaba por la mayoría del Senado, que creía que la renuncia del presidente era el único remedio de la gran amenaza que se cernía sobre la nación.

Huerta, a su vez, felicitó a los senadores por sus sentimientos patrióticos y les enseñó el informe de Rubio Navarrete sobre las dificultades de bombardear la Ciudadela y las opiniones firmadas por militares de que era imposible tomar la fortaleza. El jefe federal añadió que el gobierno carecía de los elementos necesarios para dominar la situación. Indicó su deseo de que varios de sus colegas militares oyeran lo que los senadores tenían que decir. El general y los legisladores estaban listos a cooperar. Los visitantes deseaban el apoyo de Huerta para un acuerdo, pidiendo a Madero su renuncia. El general Huerta necesitaba el prestigio y los motivos de los legisladores para asegurar el rango de los militares que lo respaldaban.

García Peña, Ministro de la Guerra, el general Blanquet y algunos otros oficiales fueron llamados a la oficina del jefe militar. El senador Obregón repitió lo que ya había dicho antes. El ministro de la Guerra contestó que el no creía posible que un grupo de senadores sublevara al ejército y preguntó a Huerta si él apoyaba la propuesta de los legisladores. Huerta contestó que él solamente estaba sometiendo a su consideración una solicitud de audiencia con el Presidente.

Después de veinte minutos de espera, Madero recibió a la delegación en el salón presidencial. En contestación a la pregunta del presidente, el senador Obregón manifestó el objeto de la visita en unas pocas y precisas palabras; para repetir la recomendación del Senado de 15 de febrero. Madero observó con acritud que no se sorprendía que un grupo que nunca había deseado que Porfirio Díaz saliera del Palacio Nacional viniera a él con tal propósito. Declaró que no había razón para su renuncia, porque los temores de una intervención extranjera eran infundados. Apoyando esta declaración, Madero leyó la contestación del presidente Taft a su telegrama, que consideraba como una firme promesa contra la intervención.

Los senadores Enríquez y Castellot trataron de asegurar al Presidente que su gestión no debía considerarse como el producto de una actitud hostil hacia él o su administración, sino que más bien había venido a expresar una honrada opinión patriótica. Madero reiteró su negativa de renuncia: "Jamás renunciaré. El pueblo me ha elegido y moriré si fuese preciso en el cumplimiento de mi deber". Solicitó a Enríquez y Castellot que se quedaran para informar a Huerta del intercambio de opiniones y de que no existía el peligro extranjero. El jefe militar fue llamado y los dos senadores hicieron lo que Madero les había pedido, informando a Huerta de los resultados de la conferencia para que él los comunicara a los otros oficiales. El presidente pidió a Huerta que explicara sus planes de la tarde a los senadores. El general protestó su lealtad e indicó que a las tres de la tarde la Ciudadela sería atacada. Madero exclamó: "Ahora, ¿ven ustedes? El general Huerta tiene sus planes y confía en los buenos resultados. No hay razón para alarmarse". El presidente trataba de usar a Huerta y a los senadores para mantener el régimen.

Era cerca de la 1:30 de la tarde, la hora normal de almorzar en el Palacio Nacional. Huerta, Gustavo Madero y algunos otros habían ido a un banquete que se serviría en el restaurante Gambrinus. Madero, varios miembros del gabinete y algunos ayudantes estaban en un cuarto pequeño, junto al Salón de Acuerdos, conferenciando acerca del aprovisionamiento de las tropas federales y de la población civil. La conferencia fue interrumpida por la entrada del coronel Jiménez Riveroll, del 29 Batallón, que dijo que había sido enviado por Huerta para informar que el general Rivera llegaba de Oaxaca en una actitud rebelde y que Madero debía acompañarlo a un lugar seguro.

El presidente estaba pensando rehusar este consejo cuando se oyó una conmoción en el salón contiguo. Madero y los otros fueron hacia el cuarto principal. Allí encontraron al mayor Izquierdo con veinticinco o treinta soldados del 29 Batallón a los que un ayudante leal había tratado de desalojar. Las dos filas de soldados, con los fusiles dispuestos, cada uno con dos cananas que dejaban ver los relucientes cartuchos, y la bayoneta pendiente de sus cinturones, parecía cosa extraña y fuera de lugar en el alfombrado salón de conferencias del Ejecutivo.

El presidente se irguió, con su primo Marcos Hernández (hermano del ministro Rafael Hernández) a su lado, frente a Riveroll e Izquierdo. Detrás del último estaban los soldados, y agrupados detrás del presidente, sus ayudantes, ministros y otros. Sin ninguna formalidad Riveroll declaró que venía a arrestar a Madero por órdenes de Blanquet, que estaba de acuerdo con Huerta. Madero negó el derecho de Blanquet para ordenar su arresto. Cuando Riveroll quiso detener al presidente, dos de sus ayudantes, los capitanes Gustavo Garmendia y Federico Montes, desenfundaron sus pistolas calibre 38. El capitán Garmendia disparó, matando a Riveroll.

Algunos de los soldados, ya sea porque oyeron al mayor Izquierdo ordenarlo o como una reacción automática de la tensa situación, descargaron sus armas. Las ventanas temblaron por la múltiple explosión, las cortinas se mecieron y el salón se llenó de humo de olor acre a pólvora quemada. En el piso estaban los cuerpos de Riveroll y de Izquierdo y el del mortalmente herido Marcos Hernández. Madero, valiente hasta la temeridad, avanzó hacia los aturdidos soldados. Repitiendo la alentadora frase "calma, muchachos, no disparen", avanzó lo suficientemente cerca para pasar por medio del grupo por una puerta que conducía a otra antesala. Mientras que el pelotón se desbandaba, Madero se dirigió a los cuartos que dan a la plaza principal. De abajo y fuera del Palacio venían los gritos de los rurales que se habían alarmado al escuchar las descargas. El presidente apareció en el balcón y les dijo que no se preocuparan, que el incidente ya había pasado y que regresaran a sus puestos.

A pesar de que le avisaron que huyera para salvarse, Madero insistió en buscar al general Blanquet. El presidente no podía creer todavía que había sido abandonado por todos los militares. Acompañado de algunos ayudantes, Madero bajó en el elevador al patio donde encontró al general Blanquet. El general estaba pistola en mano al frente de la tropa del 29 Batallón. En voz alta dijo: "Ríndase usted, señor presidente". Madero, con voz alta, aguda e irritada, contestó: "Usted es un traidor, general Blanquet". Blanquet afirmó entonces: "Usted es mi prisionero". El presidente protestó: "Es el presidente de la República con quién usted está hablando"; pero Blanquet sencillamente se limitó a repetir que Madero era su prisionero. Siendo la resistencia inútil, el indefenso Madero fue llevado a la oficina del jefe militar, que estaba en el mismo patio. La mayoría de los miembros del gabinete, exceptuando a dos que se escaparon, fueron arrestados al mismo tiempo.

En el restaurante Gambrinus, Gustavo Madero asistía a una fiesta privada en honor del presidente de la Cámara, que había sido ascendido al rango de general. El general Huerta estaba también presente. Poco tiempo después de la 1:30 de la tarde, Huerta hizo una llamada telefónica, evidentemente para confirmar que todo se había hecho como se había preparado en el Palacio, y después se excusó. Veinte minutos más tarde un pelotón de soldados apareció y arrestó a Gustavo Madero, encerrándolo en un cuarto ropero del restaurante. El general Ángeles, quien a pesar de la orden de cese el fuego siguió disparando contra la Ciudadela, también fue arrestado. Doña Sarita y otros miembros de la familia Madero se refugiaron en la Embajada japonesa.

Huerta asumió el poder y así lo notificó a la Embajada norteamericana y al presidente Taft. "Tengo el honor de informar a usted que he derrocado este gobierno. El ejército me apoya y de aquí en adelante reinarán la paz y la prosperidad". En las últimas horas de esa tarde las campanas de la Catedral y de otras iglesias repicaban por el suceso. A la caída de la tarde la gente salió a las calles, gozando de la libertad y seguridad que les había faltado durante los últimos diez días. Hacia el Sur el cielo parecía estar en llamas; una chusma había incendiado el edificio de *Nueva Era,* el más importante periódico maderista. Todavía faltaban por formalizarse las relaciones entre Huerta y los rebeldes.

El embajador Wilson estaba listo para ayudar en el asunto. A primeras horas del día el diplomático se jactó refiriendo su conocimiento del plan. Al medio día informó a Washington que "lo que se supone ahora es que los jefes federales tienen el control de la situación". El arresto de Madero, inesperadamente retardado, no ocurrió hasta hora y media más tarde.

Esa noche el representante norteamericano invitó a los generales Huerta y Díaz a la Embajada. Huerta llegó acompañado por el teniente coronel J. Mass y Enrique Cepeda, y Díaz por Rodolfo Reyes y algunos otros. Siguió una prolongada discusión, y finalmente, después de treinta minutos de un intercambio privado de condiciones, se firmó el pacto de la Ciudadela. Más tarde, Rodolfo Reyes justificó la firma del pacto en la Embajada norteamericana con el argumento de que era "zona neutral". Después de ultimado el acuerdo, Wilson dijo a algunos de sus colegas, que estaban reunidos fuera del salón de la conferencia, que todo estaba arreglado. Cuando Félix Díaz entró de nuevo el embajador gritó: "Goce de larga vida el general Díaz, salvador de México". Después de las presentaciones y de la lectura de una parte del convenio, los generales salieron.

Por este pacto se decidió que el Congreso sería convocado, que se nombraría un nuevo gabinete (con considerable representación de partidarios de Díaz) y que el general Huerta serviría como presidente provisional, en cuya posición apoyaría la candidatura de Díaz para presidente constitucional. El embajador Wilson informó que los tres acuerdos "estipulados", que no fueron incluidos en el texto, eran: la libertad de los ministros de Madero, libertad de prensa y una acción conjunta de parte de Huerta y Díaz para preservar el orden de la ciudad. Hay que notar que Wilson no hizo ninguna estipulación con referencia a las personas de Madero y Pino Suárez, lo que sin duda fue un error serio por omisión. Lo establecido en el pacto era asombroso en vista de que Madero no había renunciado todavía y aún estaba vivo.

En los años posteriores Wilson negó cualquier responsabilidad en la caída de Madero; pero la evidencia prueba, concluyentemente, que el diplomático conocía el complot y simpatizaba con él, y estimuló y apoyó a sus promotores hasta el punto de facilitar la Embajada para que concertaran el acuerdo. Un observador, considerando lo cerca que Madero estuvo de ganar, sacó la conclusión de que "por pequeño que sea el valor que se atribuya a la infortunada influencia del embajador norteamericano, es todavía suficiente para haber inclinado la balanza".

Cuando Huerta y Díaz se fueron de la Embajada, uno de los diplomáticos preguntó cuál sería la suerte del "pobre" Madero. "Oh —contestó Wilson—, pondrán al señor Madero en un manicomio, donde debe permanecer siempre. Y en cuanto al otro [Pino Suárez] no es más que un pícaro, de modo que si lo matan no será una pérdida muy grande". El representante chileno protestó que "no debemos permitirlo", pero Wilson declaró que "no debemos inmiscuirnos en los asuntos internos de México[!]".

CAPÍTULO XIII

Mártir de la democracia

Los conservadores de la capital aplaudieron "la acción patriótica" del general Huerta. La prensa opositora jubilosamente celebró el establecimiento del nuevo gobierno.

Los partidarios de Félix Díaz exigieron que cuatro prisioneros, incluyendo a Francisco y Gustavo Madero, les fueran entregados. Sin embargo, Francisco I. Madero y Pino Suárez eran esenciales en el plan Huerta para legalizar su posición. Por lo tanto, solamente les entregó a Gustavo Madero y Adolfo Bassó, superintendente del Palacio Nacional, como evidencia de su buena fe. Entrada ya la noche del 18, Gustavo fue llevado en carro a la Ciudadela. Allí, cerca de las dos de la mañana, el general Mondragón decretó su muerte.

El hermano del presidente fue llevado a golpes y empellones a la puerta que conducía al patio. Sangrante y desfigurada la cara por los golpes, sus vestidos rotos, Gustavo trató de resistir a aquella frenética y borracha chusma de cerca de cien individuos. Agarrándose desesperadamente a la puerta, apeló a aquel mar de caras que reflejaban la locura y la violencia. Mencionando a su esposa, hijos y padres, les imploraba que no lo mataran. Sus palabras eran recibidas con burlas y risas. Uno de la multitud se adelantó y con la bayoneta de su rifle o la punta de su espada le sacó el único ojo bueno al prisionero. Gustavo, ciego, lanzó un solo grito de terror y desesperación. Después de eso no se oyó ni un sollozo, y cubriéndose la cara con las manos se volvió hacia la pared.

La chusma se reía, burlándose, y lo llamaban "cobarde", "llorón" y "ojo parado". Empujándolo y pinchándolo con las bayonetas, y dándole bofetadas y golpes con palos, lo forzaron hacia el patio. Gustavo se movía vacilante sin pronunciar una palabra. Un asaltante le puso el cañón de su revólver contra la cabeza. La mano que empuñaba el arma temblaba y resbaló, y el tiro le rompió a Gustavo la mandíbula. Todavía pudo moverse y caminó un poco, cayendo al fin cerca de la estatua de Morelos, quien, ¡oh ironía!, fue testigo mudo de la triste escena. Una descarga de tiros le atravesó el cuerpo. A la luz de una linterna se comprobó que Gustavo Madero había muerto. Uno del grupo descargó todavía otro tiro y en el estado de ebriedad en que estaba dijo que ése era el tiro de gracia. Los asesinos le robaron diversas prendas y le extrajeron el ojo artificial, que circuló de mano en mano.

Más tarde, otro carro trajo a Adolfo Bassó al mismo patio. Valientemente con los ojos fijos en las estrellas, se enfrentó a su ejecución. El pretexto de la muerte de Bassó fue que como superintendente del Palacio Nacional y participante de su defensa, era responsable de la muerte de los rebeldes caídos en la plaza principal el 9 de febrero. El primer día del nuevo régimen había amanecido manchado de sangre.

El embajador Wilson, más interesado en las "aseveraciones satisfactorias" de Huerta relativas a la garantía del orden público, aceptó con indiferencia la explicación de que Gustavo Madero había sido muerto por soldados "sin órdenes".

A causa del deseo de Huerta de legalizar su posición por medio de la renuncia de los funcionarios depuestos, los protegió al principio. En las últimas horas de la tarde del 18, el general liberó a los ministros, ostensiblemente en cumplimiento de la solicitud de Wilson, pero en realidad para convencer a Madero de su honorabilidad y de la conveniencia de su renuncia.

A la mañana siguiente, los periódicos publicaron una invitación a los miembros de la Cámara de Diputados para reunirse a las diez de la mañana con el objeto de discutir la situación. No asistieron los suficientes miembros para formar quórum y los presentes celebraron una sesión privada para cambiar ideas. Se sugirió que los conserjes fuesen enviados a traer a los representantes suplentes, quienes, aunque no podían participar con voz y voto, darían la apariencia de quórum. Así se hizo, y a las cuatro de la tarde la Cámara se declaró en sesión permanente para tratar el asunto de las renuncias.

Esa mañana un comisionado de Huerta, el general Juvencio Robles, había visitado a los prisioneros para exigirles su inmediata renuncia. El general Robles le dijo a Madero que si ellos renunciaban, sus vidas les serían garantizadas, pero que si no lo hacían estarían expuestos a todas las consecuencias. El presidente depuesto creyó que la propuesta era hecha de buena fe, pero se portó evasivo, buscando obtener las condiciones más favorables. El general Robles se retiró mientras que Madero y sus compañeros prisioneros, Pino Suárez y el general Ángeles, discutían las posibles bases para un arreglo.

Se acordó pedir a Huerta las siguientes seguridades como condición de las renuncias: Que el orden constitucional en los Estados sería respetado, y que a los actuales gobernadores se les permitiera seguir en sus puestos; que los amigos y partidarios de Madero no serían molestados por razones políticas, y que Madero, su hermano Gustavo (la noticia de su muerte era aún ignorada por él), Pino Suárez, Ángeles y sus familias serían llevadas a Veracruz en tren especial para embarcarse hacia el exilio. Madero creía que no había suficiente garantía de que Huerta cumpliera la parte del convenio que le concernía. Por lo tanto, una cuarta condición fue agregada, como sigue: Que los ministros de Chile y del Japón acompañarían a los prisioneros a Veracruz, después de haber recibido Huerta las renuncias y Madero una carta en la que aquél aceptaba las condiciones. Los prisioneros esperaban que la intervención de los diplomáticos daría solemnidad a los arreglos y una seguridad de que se cumpliera. Poco tiempo después llegó Pedro Lascuráin para fungir como intermediario. Se le informó de las bases propuestas para las renuncias y se retiró a fin de avisar a Huerta.

En el momento en que se les servía a los prisioneros la comida del mediodía Lascuráin regresó con Ernesto Madero y el ministro de Chile, Hevia Riquelme. Manifestó que Huerta había aceptado las condiciones. A la una de la tarde las renuncias habían sido bosquejadas. Pino Suárez argumentaba en favor de la inclusión de la frase "que habían sido obligados a renunciar por la fuerza". Los intermediarios tácticamente lo persuadieron de que había vidas de por medio y que tal terminología sería impolítica en aquellas circunstancias. El texto definitivo de las renuncias dice:

> Ciudadanos Secretarios de la Honorable Cámara de Diputados.
>
> En vista de los acontecimientos que se han desarrollado de ayer acá en la Nación y para mayor tranquilidad de ella, hacemos formal renuncia de nuestros cargos de presidente y vicepresidente, respectivamente, para los que fuimos elegidos. Protestamos lo necesario.
>
> México, 19 de febrero de 1913.—Francisco I. Madero.—José María Pino Suárez.

Los intermediarios, con Lascuráin en posesión de la renuncia, se fueron a traer la carta de Huerta.

Esa misma tarde, el ministro Márquez Sterling, de Cuba, acompañado de Cólogan, de España, llegó a Palacio a entrevistar a Huerta acerca del bienestar de los prisioneros. Se encontraron allí con el ministro de Chile, Hevia Riquelme, quién los informó de la renuncia. Sin poder ver a Huerta, los tres fueron a ver a Madero.

En esta reunión Madero aceptó la oferta del crucero *Cuba* para su salida de México, y Márquez Sterling prometió acompañarlos a la estación y de allí a Veracruz. Aunque la hora del viaje estaba fijada para las diez de la noche, el diplomático cubano accedió, a instancias de Madero, a regresar más temprano.

Fiel a su palabra, Márquez Sterling llegó a las ocho. El departamento donde los prisioneros estaban detenidos consistía en tres cuartos grandes y uno pequeño. El primero servía de comedor a los prisioneros; el segundo, que conducía al patio, había sido la oficina del superintendente de Palacio. Cerca de la puerta estaba un centinela. A la derecha de la guardia estaba el salón de recibo con algunos catres en los que los prisioneros dormían. Madero, sonriente, saludó al diplomático. Hablando reposadamente dijo al cubano: "Un presidente electo por cinco años, derrocado a los quince meses, sólo debe quejarse de sí mismo. La causa es ésta. Éste será el juicio de la historia si es justa". Sentándose añadió: "Ministro... si vuelvo a gobernar me rodearé de hombres resueltos, que no sean 'medias tintas'... He cometido grandes errores... Pero ya es tarde"...

Implícita en las palabras de Madero a Márquez Sterling, así como en otras declaraciones hechas durante su prisión, estaba su determinación de no darse por vencido en la lucha, sino que la continuaría en el destierro. Definitivamente, pensaba promover otra revolución contra los usurpadores. Francisco preguntó por Gustavo. Cuando nadie le contestó, Madero declaró que si su hermano no llegaba a la estación esa noche él no saldría. El cubano, ocultando la verdad de los hechos, subrayó que era Madero quien tenía que estar seguro, dadas las circunstancias.

Repentinamente la sombra de una duda cruzó por la mente de Madero y preguntó en dónde estaba la carta de Huerta. Ernesto Madero, que con Vázquez Tagle también se hallaba visitando a los prisioneros, se ofreció para averiguar. Ernesto regresó con la alarmante noticia de que Lascuráin se dirigía, ante el Congreso para presentar la renuncia de Madero; éste, sumamente agitado, envió a Manuel Vázquez Tagle a pedir que la renuncia no fuera presentada hasta que los prisioneros hubieran embarcado en Veracruz.

A las 8:45 de la noche Lascuráin, alto y usando anteojos, había aparecido ante la Cámara. Las renuncias fueron presentadas, pero algunos diputados liberales no estaban inclinados a aceptarlas. Después de que algunos oradores, que eran allegados a Madero y a su gobierno, urgieron su aceptación porque la seguridad de los prisioneros y la de sus familias se estaba jugando, la renuncia de Francisco I. Madero y Pino Suárez fue aprobada por los votos de 123-4 y 119-8, respectivamente. Vázquez Tagle llegó después que las renuncias habían sido presentadas e informó a Madero que había llegado muy tarde para cumplir con su misión.

Madero instó a Vázquez Tagle a regresar a la Cámara a pedirle a Lascuráin que no renunciara a la presidencia provisional hasta que los prisioneros hubiesen partido. A las 10:24 de la noche Lascuráin, como ministro de Relaciones Exteriores, había sido declarado presidente provisional. Cerró la sesión del Congreso y abrió la nueva. Después de tomar el juramento de ley, Lascuráin nombró a Huerta ministro de Gobernación. Cuando a las 11:20 de la noche Lascuráin renunció a la presidencia provisional, Huerta automáticamente asumió el poder ejecutivo. Pedro Lascuráin había sido presidente durante cincuenta y seis minutos. El emisario de Madero había llegado demasiado tarde una vez más.

Cuando los prisioneros supieron estos acontecimientos el optimismo de Madero flaqueó, y Pino Suárez temió un ataque contra sus personas si los dejaban solos esa noche. Poco tiempo después un oficial avisó a Márquez Sterling que la partida de los prisioneros a las diez de la noche había sido cancelada. Para seguridad de los mismos y para el caso de que otra hora hubiera sido señalada para la partida, el diplomático cubano dispuso pasar la noche con ellos. Madero predijo resignadamente que "el tren no saldría a ninguna hora".

El presidente derrocado arregló tres sillas para que sirvieran de cama a su huésped. Pino Suárez, sonriente, observó que el cubano probablemente nunca había esperado dormir en una cama tan dura en el desempeño de sus funciones diplomáticas. Madero, olvidando las preocupaciones del momento, entabló una conversación cordial; dijo que el tiempo haría que el ministro olvidara las molestias de esa noche, pero le rogaba no mencionar a su gobierno que los diplomáticos en México tenían que llevar su cama en los bolsillos. Después que el cubano se quitó algo de sus vestidos, Madero continuó chanceando acerca de lo descuidado que era su huésped y se puso a arreglar su ropa cuidadosamente. Antes de dormirse, Francisco expresó su deseo de saber en dónde estaba Gustavo.

A las diez de la mañana, Márquez Sterling aún estaba con los prisioneros. A Madero le era difícil creer que sus vidas estaban amenazadas; pero Pino Suárez era más pesimista. Con un poético sentido de lo trágico, pero sin recriminar, el infortunado vicepresidente se lamentaba: "Los mismos odios que me persiguen, persiguen al presidente, pero sin la compensación de sus honores y de su gloria. Mi fortuna tiene que ser más triste que la suya, señor Madero". Madero creyó que debían buscar la protección de la ley; pero sus compañeros creían que la única protección eficaz vendría del cuerpo diplomático. Márquez Sterling, antes de partir, prometió gestionar todo lo posible ante el cuerpo diplomático y hacer que la familia de los dos hombres iniciara un juicio legal en su favor.

La elección entre la renuncia y la vida de los prisioneros había sido una patraña de Huerta. Una vez que la renuncia fue presentada, la vida de los prisioneros quedó en gran peligro. El tren que debía llevarlos a Veracruz para su seguridad fue cancelado porque se temía que se intentara liberarlos. Este pretexto fue robustecido por la declaración del general José Refugio Velasco, jefe militar de Veracruz, de que él continuaría considerando a Madero como legítimo presidente hasta que el Senado legalizara la situación existente. La solicitud de Madero de que el general Ángeles los escoltara a Veracruz también produjo sospechas.

Algunos diplomáticos extranjeros, alarmados por el peligro en que se hallaban los prisioneros, tomaron enérgicas medidas en su favor. El más activo a este respecto fue el representante de Cuba, Manuel Márquez Sterling. El 19 de febrero el ministro cubano escribió al embajador Lane Wilson, que era el decano del Cuerpo Diplomático, sugiriéndole que tomara medidas para "evitar el inútil sacrificio de la vida del señor Madero" y ofrecía el crucero *Cuba,* anclado en Veracruz, para transportar a los depuestos personajes al exilio.

Teniendo en cuenta los fervientes esfuerzos de sus colegas, es asombroso que el embajador Wilson más tarde declarara inocentemente que "por lo que sé, solamente uno de mis colegas, el señor Riquelme, ministro de Chile, que tenía íntimos vínculos de amistad con la familia Madero, se preocupó por la suerte del ex presidente". Márquez Sterling continuó exigiendo una acción conjunta de sus colegas del cuerpo diplomático. El ministro japonés, Hurigutchi, alojó en la Legación de su país a la familia de Madero e hizo llegar llamamientos al cuerpo diplomático. Los representantes del Brasil y España, aunque el último seguía la política de Wilson muy de cerca, entrevistaron al general Huerta en relación con los prisioneros. El embajador Wilson, acompañado del ministro alemán, Von Hintze, también visitó al nuevo presidente; pero su intervención a favor de los prisioneros no fue muy enérgica.

Henry Lane Wilson era la figura clave en la mente de aquellos que deseaban proteger la vida de los prisioneros. No solamente por su gobierno, sino también por el de sus colegas diplomáticos y por la familia y amigos de Madero, el representante norteamericano fue instado a emplear su influencia ante el nuevo gobierno. El 19 de febrero Márquez Sterling y el ministro japonés trajeron la nota de la familia de Madero ante el cuerpo diplomático, a la Embajada norteamericana. El diplomático cubano apoyó la solicitud de los Madero en el sentido de que el cuerpo actuara; pero Wilson dijo que era imposible. Especificó que los ministros podían entrevistar a Huerta individualmente, pero que no podían actuar en nombre del cuerpo diplomático entero.

La tarde siguiente, 20 de febrero, doña Sara Pérez de Madero fue a la Embajada norteamericana acompañada de su cuñada Mercedes para entregar el telegrama de la madre de Madero al presidente Taft y a pedirle la intercesión del embajador en su favor. De las cuatro personas que presenciaron la conversación —la señora Wilson acompañaba a su esposo— solamente la señora Madero relató los detalles. Esto se hizo en una entrevista celebrada con un periodista norteamericano más de tres años después de la conversación sostenida con Wilson, y en estas circunstancias es dudoso que se incluyeran más que "detalles", ideas generales e impresiones. Sin embargo, la entrevista, sin duda alguna, causó una impresión singular en doña Sara de Madero, quien juró la veracidad de su relato. Además, las ideas generales atribuidas a Wilson se corresponden muy estrechamente con sus declaraciones a otras personas, y con los conceptos reflejados en sus informes y otros escritos.

La conversación con Wilson fue en inglés, y la señora de Madero se impresionó por la brusquedad del embajador. Ella le dijo que la razón de su visita era la de procurar protección para la vida de los prisioneros. Wilson le preguntó qué es lo que ella deseaba que él hiciera. La señora Madero le pidió que usara su influencia "para proteger la vida de mi esposo y la de los demás prisioneros". El diplomático contestó: "Esa es una responsabilidad a la que no deseo hacerme acreedor". La esposa de Madero le dio el telegrama de su suegra para que se enviara al presidente Taft, y aunque Wilson le dijo que el telegrama no era necesario, accedió a enviarlo ante la insistencia de ella.

El diplomático norteamericano dijo a la señora Madero que la caída de su esposo fue debida al hecho de que no supo gobernar y "que nunca quiso consultarme... Usted sabe, señora, su esposo tiene ideas peculiares". Aparte de declarar que su esposo tenía ideales muy altos, la señora Madero evitó cualquier alegato sobre este punto, y prosiguió la entrevista para pedirle la misma protección y seguridad para la vida del vicepresidente que había pedido para la de Madero. Declaró que el embajador Wilson le contestó impacientemente que "Pino Suárez es un hombre muy malo. No puedo hacerle ninguna promesa sobre su seguridad. Él es el culpable de las dificultades de su esposo. Esa clase de hombres debe desaparecer". La señora Madero le dijo que Pino Suárez tenía esposa y seis hijos, que quedarían abandonados en el caso de su muerte, y aseguró que Wilson simplemente se encogió de hombros.

El embajador le dijo que Huerta le había consultado sobre lo que se debía hacer con los prisioneros. "Ya le dije que debía hacer lo más conveniente a los intereses del país". En este momento doña Mercedes de Madero lo interrumpió exclamando: "¿Por qué dijo usted eso? Usted sabe muy bien... que los van a matar". Sin contestarle, Wilson se volvió a la esposa de Madero diciendo: "Usted sabe que su esposo no es popular. El pueblo no estaba satisfecho con él como presidente". Si eso era cierto, dijo la señora Madero, ¿por qué había objeción para que se fuera al exilio? Wilson le contestó: "No necesita preocuparse. La persona de su esposo no será dañada". Le dijo a ella que él sabía que el golpe de Estado ocurriría y que por eso sugirió la renuncia de Madero. La señora de Madero le preguntó por qué, si lo sabía, no le avisó a su esposo. Wilson declaró torpemente: "Eso no hubiera sido buena política, porque entonces él lo hubiera evitado".

A pesar de los temores del gobierno norteamericano, el de algunos colegas diplomáticos y el de la familia de Madero, no hay pruebas, fuera de algunas notas de menor importancia, de que el embajador Wilson tomara medidas más allá de las entrevistas con Huerta ya descritas. Tal vez eso fue debido, como él declara, a que no pensó que la vida de los prisioneros estuviera en verdadero peligro o porque estaba preocupado por otros asuntos. El representante norteamericano se ocupaba de condenar al gobierno pasado, alabando al nuevo y pidiendo su reconocimiento. Evidentemente Wilson estaba más interesado en el reconocimiento que en la salvación de los reos.

En la noche del 20 de febrero, "en vista de la extrema urgencia de la situación y faltando las instrucciones", Wilson convocó al cuerpo diplomático para discutir el reconocimiento. El pretexto de esta medida fue una invitación de Huerta para verlo en una recepción formal en Palacio al día siguiente por la tarde. Wilson informó que sus colegas estaban de acuerdo con él en que el reconocimiento era imperativo para hacer posible que el nuevo gobierno impulsara su autoridad y restableciera el orden. Los diplomáticos acordaron asistir a la recepción de Palacio. Al siguiente día, reunidos en el Salón de Embajadores, Wilson leyó una declaración como decano del Cuerpo Diplomático, en que se decía que había sido informado de "que su excelencia había asumido la alta posición de presidente provisional de la República de acuerdo con las leyes existentes en México" y que le expresaban "nuestras sinceras felicitaciones". Huerta manifestó su reconocimiento con frases apropiadas. Esa noche, 21 de febrero, Wilson envió un telegrama circular a todas las oficinas consulares, informándoles sobre la situación e instruyéndoles para que "en interés de México, exigieran general sumisión y adhesión al nuevo gobierno, que será reconocido hoy por todos los Estados extranjeros". No había fundamento para esta última aserción.

Poco tiempo después de la recepción del Cuerpo Diplomático, Huerta se reunió con su gabinete. Se discutió el destino de los prisioneros y, al parecer, acordaron someterlos a juicio. El subsecretario de Gobernación fue comisionado para investigar los fundamentos que existían para una acción legal. En la tarde del día siguiente se celebró otra sesión, y Huerta avisó a sus ministros que los prisioneros serían trasladados a la Penitenciaría del Distrito Federal.

Después de la reunión, pero con algunos ministros presentes, Huerta le dijo al coronel Luis Ballesteros, oficial del ejército, que se hiciera cargo de la prisión y que se le haría responsable de la vida de los prisioneros.

Dos oficiales rurales, el mayor Francisco Cárdenas y el teniente Rafael Pimienta, fueron seleccionados para conducir a los prisioneros. Qué otras instrucciones se dieron a estos oficiales y quién las dio, es una cuestión que no se puede afirmar con certeza. Sin embargo, de acuerdo con la narración que se atribuye a Cárdenas, se le confió una misión de más importancia que la simple conducción de los prisioneros, por el general Blanquet, jefe militar de la plaza. El secretario de Guerra, general Mondragón, confirmó las disposiciones, y Cárdenas tuvo la impresión de que Huerta y el gabinete las aprobaron. En realidad, en este relato se asegura que Cárdenas recibió la confirmación personal de Huerta. Cecilio Ocón, que había preparado a Pimienta para su papel, iba a arreglar varios detalles: conseguir los coches y simular un ataque para liberar a los reos.

Mientras tanto en la Intendencia del Palacio Nacional los prisioneros vivían en una atmósfera de profunda ansiedad. Un visitante ocasional, la redacción de una carta y el cambio de la guardia, eran las únicas interrupciones en el lento paso del tiempo. La carta de Pino Suárez dirigida al diputado Serapio Rendón, de Yucatán, ofrece un vislumbre de los pensamientos de los prisioneros durante esas largas horas:

Querido Serapio:

Dispensa que te escriba con lápiz... Como tú sabes, hemos sido obligados a renunciar a nuestros respectivos cargos, pero no por eso están a salvo nuestras vidas. En fin, Dios dirá; por ahora te recomiendo que si algo malo nos acontece procures ver a mi esposa y consolarla. La pobrecita ha sufrido mucho, pues tú sabes cuánto nos hemos querido.

Me resisto a creer que nos inflijan daño alguno después de las humillaciones de que hemos sido víctimas. ¿Qué ganarían ellos con seguirnos afrentando?...

Dícese que mañana se nos conducirá a la Penitenciaría... El presidente no es tan optimista como lo soy yo [acerca de las perspectivas del traslado], pues anoche, al retirarnos, me dijo que nunca saldremos con vida de Palacio. Me guardo mis temores para no desalentarlo... Pero ¿tendrán la insensatez de matarnos? Tú sabes, Serapio, que nada ganarán, pues más grandes seríamos en la muerte que hoy lo somos en vida...

José Ma. Pino Suárez.

La noticia de la muerte de Gustavo, que Madero escuchó de labios de su madre el mediodía del 22 de febrero, lo dejó desconsolado, lleno de pesar y tristeza. Cuando los prisioneros se acostaron esa noche, a las diez, Ángeles narró que Madero ocultó la cabeza bajo las colchas y creyó que lloraba por Gustavo.

Después de veinte minutos de haberse acostado los prisioneros, el coronel Joaquín Chicharro entró al cuarto seguido por el mayor Cárdenas. Se ordenó a los prisioneros levantarse y Ángeles preguntó qué pasaba. Chicharro le dijo que Madero y Pino Suárez serían conducidos a la Penitenciaría. Como se vestían precipitadamente, Madero dijo que deseaba saber por qué no se les había notificado antes, pero la pregunta no tuvo respuesta. Madero abrazó a Ángeles antes de salir del cuarto, y Pino Suárez, que había llegado al patio antes de acordarse de que no se había despedido, movió la mano y gritó: "¡Adiós, mi general!"

Madero fue llevado a un automóvil cerrado, mientras que a Pino Suárez le dijeron que subiera a un coche Peerless que estaba estacionado cerca. Cada coche tenía un chofer, y había un ayudante en el asiento delantero del Peerless. Cárdenas y otro oficial custodiaban a Madero, mientras que Pimienta, con otro asistente, a Pino Suárez.

Los dos vehículos avanzaron lentamente por la calle, fuera del Palacio Nacional. En la puerta de la Penitenciaría del Distrito Federal, Madero se preparó para salir del auto; pero Cárdenas le ordenó esperar. Cárdenas bajó del coche y habló con una persona que salió de la Penitenciaría.

Después de unos momentos Cárdenas regresó al coche y ordenó al chofer que tomara la carretera al lado norte de la prisión. De acuerdo con algunas narraciones, Madero no dijo nada después que subió al coche, pero algunos dicen que exigió saber por qué los llevaban más allá de las puertas de la Penitenciaría. Cárdenas le dijo que entrarían por la "puerta trasera" para evitar los curiosos. Los carros tornaron hacia la derecha y se pararon cerca de la mitad del muro Este. Todas las luces de afuera de la prisión estaban apagadas, hecho que circunstancialmente señala la complicidad del nuevo director de la prisión.

Se ordenó a los prisioneros salir de los carros y fueron asesinados por la escolta. Cárdenas fue acusado de ser el principal responsable de la muerte de Madero, y Pimienta, de Pino Suárez. La escolta acribilló los carros a balazos como prueba de un "ataque" y después los cuerpos fueron llevados a la Penitenciaría. La autopsia reveló que Madero había muerto a causa de dos tiros en la cabeza, y Pino Suárez, de tres heridas en la cabeza y cinco balazos en el cuerpo. De esta vil manera, Madero, que se negó a matar, que respetó la ley y la dignidad del hombre, fue asesinado. Estos asesinatos desacreditaron al gobierno de Victoriano Huerta y al movimiento de la Ciudadela.

El 24 de febrero, por la mañana, los cadáveres fueron entregados a los familiares para ser enterrados. Sin ninguna ostentación, los despojos del ex presidente fueron transportados en un carro fúnebre al Panteón Francés. La policía ordenó que no se abriera el ataúd, pero se abrió un poco a instancias de la viuda para depositar dentro un crucifijo. Esa noche, la señora de Madero, acompañada de los padres y de las hermanas de su difunto esposo, y de Ernesto Madero y su familia, se embarcaron en Veracruz rumbo a La Habana. Emilio, Alfonso y Raúl Madero se fueron a los Estados Unidos.

TÍTULOS DE ESTA COLECCIÓN

Agustín de Iturbide
Agustín Lara
Álvaro Obregón
Antonio López de Santa Anna
Benito Juárez
Cuauhtémoc
David Alfaro Siqueiros
Diego Rivera
Dolores del Río
El Santo
Emiliano Zapata
Fidel Velásquez
Francisco I. Madero
Frida Khalo
Gabilondo Soler "Cri-Cri"
Germán Valdés "Tin Tan"
Joaquín Pardavé
Jorge Negrete
José Alfredo Jiménez
José Clemente Orozco
José María Morelos
José Vasconcelos
Juan Diego
Juan José Arreola
Juan Rulfo
Justo Sierra
Lázaro Cárdenas
Malintzin (La Malinche)
María Félix
Mario Moreno "Cantinflas"
Miguel Alemán Valdés
Miguel Hidalgo
Nezahualcóyotl
Pancho Villa
Pedro Infante
"Piporro"
Plutarco Elías Calles
Porfirio Díaz
Quetzalcoatl
"Resortes"
Rosario Castellanos
Salvador Novo
Sor Juana Inés de la Cruz
Venustiano Carranza

Está obra
se terminó de imprimir en julio del 2004 en
Litográfica Ingramex, S.A. de C.V.
Centeno 162-1, Col. Granjas Esmeralda
México, D.F.

CALIDAD ISO 9000 CERTIFICADA
Certificado No. 02-2082